# Introducción a los Hechos de los Apóstoles

*Edición revisada*

# *Introducción a los Hechos de los Apóstoles*

Edición revisada

Bajo la supervisión de
**Thomas E. Phillips**

*Elementos esenciales de la teología*

©Digital Theological Library 2025, 2026
©Biblioteca Teológica Digital 2025, 2026
Edición revisada publicada en 2026

Licencia Internacional CC BY-NC-ND 4.0
Este trabajo se encuentra bajo una Licencia Creative Commons Atribución–NoComercial–SinDerivadas 4.0 Internacional (CC BY-NC-ND 4.0).
Usted es libre de:
- Compartir — copiar y redistribuir el archivo PDF original producido por DTL.

Bajo los siguientes términos:
- Atribución — Debe otorgar el crédito adecuado al autor y a DTL Press.
- No Comercial — No puede utilizar este material con fines comerciales.
- Sin Derivadas — Si remezcla, transforma o crea a partir de este material, no puede distribuir el material modificado.

Library of Congress Cataloging-in-Publication Data
Datos de catalogación en publicación de la Biblioteca del Congreso

---

Thomas E. Phillips (creador).
[Introduction to the Acts of the Apostles / Thomas E. Phillips]
Introducción a los Hechos de los Apóstoles / Thomas E. Phillips

143 + xiv pp. cm. 12.7 x 20.32
ISBN 979-8-89731-242-9 (Libro de bolsillo)
ISBN 979-8-89731-245-0 (E-libro)
ISBN 979-8-89731-253-5 (Kindle)
1. Biblia. Hechos de los Apóstoles — Crítica, interpretación, etc.
2. Biblia. N.T. Hechos de los Apóstoles — Introducción.
BS2625.52 .P45 2026

*Este libro está disponible en otros idiomas en www.DTLPress.com*

Imagen de portada: Pablo acercándose a una ciudad romana.
Crédito de la foto: Foto generada por el equipo de DTL mediante inteligencia artificial.

# *Contenido*

*Prefacio de la serie*
*vii*

## *Parte I: Fundamentos y contexto*

Capítulo 1
*¿Qué es los Hechos?*
3

Capítulo 2
*Autoría, fecha y audiencia*
9

Capítulo 3
*Género y estructura*
15

Capítulo 4
*Contextos históricos y culturales*
23

Capítulo 5
*Los textos griegos de los Hechos y su diversidad*
33

## *Parte II: La narrativa de los Hechos*

Capítulo 6
*Hechos 1-15*
*Jerusalén ante el Concilio de Jerusalén*
41

Capítulo 7
*Hechos 16-28*
*Hasta los confines de la tierra*
49

## Parte III: Temas clave y preocupaciones teológicas

Capítulo 8
*Personajes principales de los Hechos*
*Pedro, Esteban, Bernabé y Pablo*
57

Capítulo 9
*La comunidad de bienes en Hechos 2 y 4*
67

Capítulo 10
*Las seis efusiones del Espíritu Santo en los Hechos*
77

Capítulo 11
*Pentecostés y su papel en la historia y la liturgia*
85

Capítulo 12
*Pedro y Pablo en los Hechos*
*Una comparación narrativa*
91

Capítulo 13
*Pablo en los Hechos vs. Pablo en sus cartas*
101

Capítulo 14
*Los discursos en los Hechos*
115

# Parte IV: Aplicación, recepción y uso contemporáneo

Capítulo 15
*El uso y la recepción de los Hechos en la Iglesia*
123

Capítulo 16
*Intérpretes principales de los Hechos*
131

Capítulo 17
*Leyendo los Hechos hoy*
137

# Apéndice

*Ciudades del mundo de Pablo*
143

## *Prefacio de la Serie*

La inteligencia artificial (IA) está cambiando todo, incluida la educación y la investigación teológica. Esta serie, *Elementos esenciales de la teología (Theological Essentials)*, está diseñada para aprovechar el potencial creativo de la IA en el ámbito de la educación teológica. En el modelo tradicional, un académico con dominio del discurso teológico y una trayectoria docente exitosa pasaría varios meses —o incluso años— escribiendo, revisando y reescribiendo un texto introductorio. Luego, este texto sería transferido a una editorial que invertiría meses o años en los procesos de producción. Aunque el producto final era predecible, este proceso lento y costoso elevaba el precio de los libros de texto. Como resultado, los estudiantes de países desarrollados pagaron más de lo debido por los libros, y los estudiantes de países en desarrollo generalmente no tuvieron acceso a estos libros de texto (de costo prohibitivo) hasta que aparecieron como descartes y donaciones décadas después. En generaciones anteriores, la necesidad de garantizar la calidad —en forma de generación de contenido, revisión experta, edición y tiempo de impresión— pudo haber hecho inevitable este enfoque lento, costoso y excluyente. Sin embargo, la IA lo está cambiando todo.

Esta serie es diferente; está creada por IA. La portada de cada volumen identifica la obra como "creada bajo la supervisión de" un experto en el campo. Sin embargo, esa persona no es un autor en el sentido tradicional. El creador de cada volumen ha sido capacitado por el personal de la Digital Theological Library (DTL) en el uso de IA y ha empleado la IA para generar, editar, revisar y recrear el texto que se presenta. Con este proceso de creación claramente identificado, presentamos los objetivos de esta serie.

**Nuestros Objetivos**

*Credibilidad:* Aunque la IA ha logrado —y sigue logrando— avances significativos en los últimos años, ninguna IA sin supervisión puede crear un texto verdaderamente confiable o plenamente acreditado a nivel universitario o de seminario. Las limitaciones del contenido generado por IA a veces surgen de deficiencias en los datos de entrenamiento, pero más a menudo la insatisfacción de los usuarios con el contenido generado por IA proviene de errores humanos en la formulación de indicaciones (*prompt engineering*). DTL Press ha trabajado para superar ambos problemas contratando académicos con experiencia reconocida para supervisar la creación de los libros en sus respectivas áreas de especialización y capacitándolos en el uso de IA para la generación de contenido. Para mayor claridad, el académico cuyo nombre aparece en la portada ha creado el volumen, generando, leyendo, regenerando, releyendo y revisando el trabajo. Aunque el contenido ha sido generado en diversos grados por IA, la presencia de los nombres de nuestros académicos en la portada garantiza que el contenido es tan confiable como cualquier otro texto introductorio elaborado mediante el modelo tradicional.

*Estabilidad:* La IA es generativa, lo que significa que la respuesta a cada indicación se genera de forma única para esa solicitud específica. No hay dos respuestas generadas por IA exactamente iguales. La inevitable variabilidad de las respuestas de la IA representa un importante desafío pedagógico para profesores y estudiantes que desean iniciar sus debates y análisis basándose en un conjunto compartido de ideas. Las instituciones educativas necesitan textos estables para evitar el caos pedagógico. Estos libros proporcionan ese texto estable a partir del cual enseñar, debatir y fomentar ideas.

*Accesibilidad económica:* DTL Press está comprometida con la idea de que el costo no debe ser una barrera para el conocimiento. *Todas las personas tienen el mismo derecho a aprender y comprender.* Por ello, todas las versiones electrónicas de los libros publicados por DTL Press están disponibles de forma gratuita en las bibliotecas de la DTL, y las versiones impresas se pueden obtener por un precio nominal. Expresamos nuestro agradecimiento a los académicos que contribuyen con su labor y han optado por renunciar a los esquemas tradicionales de regalías. (Nuestros creadores reciben compensación por su trabajo generativo, pero no perciben regalías en el sentido tradicional).

*Disponibilidad global:* DTL Press desea ofrecer libros de texto introductorios de alta calidad y bajo costo a todos, en todo el mundo. Los libros de esta serie están disponibles de inmediato en varios idiomas. DTL Press creará traducciones a otros idiomas si se solicita. Las traducciones son, por supuesto, generadas por IA.

**Nuestras Limitaciones Reconocidas**

Algunos lectores probablemente pensarán: "pero la IA solo puede producir investigación derivativa; no puede crear estudios innovadores y originales." Esta crítica es, en gran medida, válida. La IA se limita principalmente a agrupar, organizar y reformular ideas preexistentes, aunque en ocasiones de formas que pueden acelerar y refinar la producción de nuevas investigaciones. Aun reconociendo esta limitación inherente, DTL Press ofrece dos comentarios: (1) Los textos introductorios rara vez buscan ser innovadores en su originalidad y (2) DTL Press cuenta con otras series dedicadas a la publicación de investigación original con autoría tradicional.

**Nuestra Invitación**

DTL Press busca transformar el mundo de la publicación académica en el ámbito teológico de dos maneras. En primer lugar, queremos generar textos introductorios en todas las áreas del discurso teológico, de modo que nadie se vea obligado a "comprar un libro de texto" en ningún idioma. Nos imaginamos un futuro en el que los profesores puedan utilizar uno, dos o incluso una serie completa de estos libros como textos introductorios en sus cursos. En segundo lugar, buscamos publicar monografías académicas con autoría tradicional para su distribución gratuita en acceso abierto, dirigidas a una audiencia académica avanzada.

Finalmente, DTL Press es una editorial no confesional, por lo que publicará obras en cualquier área de los estudios religiosos. Los libros de autoría tradicional son sometidos a revisión por pares, mientras que la creación de libros introductorios generados por IA está abierta a cualquier experto con la preparación adecuada para supervisar la generación de contenido en su respectiva área de especialización.

Si compartes el compromiso de DTL Press con la credibilidad, accesibilidad económica y disponibilidad global, te invitamos a participar en esta iniciativa y contribuir a cambiar el mundo de la publicación teológica, ya sea a través de esta serie o mediante libros de autoría tradicional.

Con grandes expectativas,
*Thomas E. Phillips*
Director Ejecutivo de DTL Press
www.thedtl.org

# Parte I:
# Fundamentos y contextos

## Capítulo 1
## ¿Qué es los Hechos?

Los Hechos de los Apóstoles constituyen una narrativa fundamental y extensa dentro del canon del Nuevo Testamento. Más que una secuela del Evangelio de Lucas, los Hechos presentan una historia teológica del nacimiento, crecimiento y testimonio global de la Iglesia primitiva. Abarca desde Jerusalén hasta Roma, desde la resurrección hasta la misión, desde un pequeño grupo de discípulos hasta un movimiento transcontinental. Comprender qué tipo de libro es los Hechos y qué visión teológica ofrece es fundamental para una lectura adecuada, especialmente en el contexto de la formación en seminarios y el ministerio cristiano.

**Los Hechos como puente narrativo**

Los Hechos funciona como un puente literario y teológico entre la historia de Jesús y la vida de la Iglesia primitiva. Conecta los Evangelios con las Epístolas, relatando cómo las enseñanzas, la muerte y la resurrección de Jesús catalizaron una misión impulsada por el Espíritu que se extendió a través de fronteras culturales, lingüísticas y geográficas. La transición de un movimiento principalmente judío con sede en Jerusalén a una Iglesia multicultural que se extiende al mundo gentil constituye el núcleo estructural y teológico de los Hechos.

El libro comienza con Jesús resucitado, quien comisiona a los apóstoles para que sean sus testigos "en Jerusalén, en toda Judea y Samaria, y hasta los confines de la tierra" (Hechos 1:8). Este versículo sirve no solo como mandato, sino también como esquema de la narrativa que se desarrolla en el libro. La narrativa de Lucas es intencional: el evangelio se extiende en círculos concéntricos, siguiendo la iniciativa del Espíritu y superando barreras étnicas, geográficas e imperiales.

**Los Hechos como historia teológica**
Aunque los Hechos se utilizan con frecuencia para obtener datos históricos sobre la Iglesia primitiva, son, ante todo, una narración teológica. Su principal preocupación no es la precisión histórica moderna, sino el propósito divino. Lucas presenta un movimiento guiado divinamente, guiado por Cristo resucitado mediante la presencia del Espíritu Santo. Los acontecimientos se desarrollan según el plan de Dios, ya sea el sermón de Pentecostés de Pedro, el martirio de Esteban o la apelación de Pablo al César.

En el centro de esta visión teológica se encuentra la actividad del Espíritu Santo. El Espíritu anima a la comunidad, impulsa la proclamación, trae sanación, facilita el discernimiento y confirma la inclusión de grupos previamente excluidos. A veces se hace referencia a los Hechos como "los Hechos del Espíritu Santo," y con razón: el Espíritu es el agente más activo en la narrativa, moldeando y guiando la misión de principio a fin.

Este marco teológico también incluye temas de sufrimiento, cambio divino y esperanza escatológica. El testimonio de la Iglesia a menudo provoca oposición, pero esto no se presenta como un fracaso; es previsible y se convierte en el medio mismo por el cual se proclama el evangelio. Lucas invita a los lectores a ver la persecución no como una derrota, sino como una participación en el sufrimiento de Cristo y un catalizador para la misión.

**Los Hechos y la cuestión del género**

Comprender el género de los Hechos es esencial para una interpretación adecuada. Los lectores antiguos probablemente habrían reconocido los Hechos como una forma de *historiē:* un relato narrativo de acontecimientos significativos, moldeado por convenciones retóricas y objetivos teológicos. Contiene discursos, relatos de viajes, escenas de juicios, relatos de milagros y resúmenes comunitarios. No es una crónica neutral, sino una narrativa elaborada con un propósito evangelizador y pastoral.

Algunos intérpretes modernos también han comparado los Hechos con biografías antiguas o incluso con narrativas épicas. Sigue a un héroe central —primero Pedro y luego Pablo— que modela un comportamiento ideal y enfrenta grandes desafíos. Otros ven los Hechos como un drama misionero o una teología política, que subvierte las pretensiones imperialistas con el mensaje de un Señor crucificado y resucitado.

Reconocer estas características del género ayuda a los lectores a evitar expectativas erróneas. Los Hechos no deben leerse como una transcripción o una cronología. Más bien, son una narración teológica que busca informar, inspirar y moldear la identidad de la Iglesia.

**El propósito de los Hechos**

El libro de los Hechos no trata solo de lo sucedido, sino de lo que Dios está haciendo. Lucas escribe para confirmar la legitimidad divina del movimiento cristiano, para fomentar una fe firme frente a la oposición y para proclamar el alcance universal del evangelio. Ofrece la visión de una Iglesia abierta, guiada por el Espíritu y llamada a dar testimonio.

Esta visión mantiene su vigencia. En un mundo globalizado y pluralista, los Hechos aborda con fuerza cuestiones de identidad, misión, unidad e inclusión. Desafía a la Iglesia a discernir hacia dónde la guía el Espíritu hoy y a dar un testimonio fiel en medio de la hospitalidad y la hostilidad.

**Conclusión**

Los Hechos de los Apóstoles son un texto fundamental para la teología, la misión y la eclesiología cristianas. Narra cómo un grupo de personas comunes, fortalecidas por el Espíritu Santo, se convirtieron en valientes testigos de Cristo y formaron una comunidad global de fe. Al estudiar los Hechos, no solo aprendemos sobre el pasado, sino que nos adentramos en una historia que aún se está desarrollando.

Este capítulo ha sentado las bases para comprender los Hechos como texto teológico, narrativo y eclesial. En los capítulos siguientes, exploraremos su autoría, contexto histórico, estructura y mensaje con más detalle, siempre con la mirada puesta en la vida y la vocación de la Iglesia en el presente.

## Capítulo 2
### Autoría, fecha y audiencia

La cuestión de quién escribió los Hechos de los Apóstoles, cuándo se escribió y a quiénes estaban destinado ha ocupado a los intérpretes desde la Iglesia primitiva hasta la actualidad. Estos asuntos no son meramente de interés histórico; influyen en nuestra comprensión de la visión teológica, la estrategia narrativa y la relevancia pastoral de los Hechos. A continuación, analizamos la evidencia en torno a la autoría, las fechas propuestas de composición, la función de los pasajes con "nosotros" y la posible identidad del público original de los Hechos, todo ello dentro del marco de la interpretación teológica.

Los Hechos es el segundo volumen de una obra en dos partes que comienza con el Evangelio de Lucas. Ambos libros comparten un estilo, un vocabulario y una orientación teológica comunes, y ambos están dirigidos al mismo personaje: Teófilo. Juntos, forman la narración continua más extensa del Nuevo Testamento y ofrecen una visión integral de la historia de la salvación, desde el nacimiento de Jesús hasta la llegada del evangelio a Roma. Aunque no se menciona al autor, la tradición cristiana primitiva atribuye sistemáticamente ambos volúmenes a Lucas, el médico, compañero de Pablo mencionado en Colosenses, Filemón y 2 Timoteo. Esta atribución aparece en los escritos de

Ireneo, el Canon Muratoriano y otras fuentes del siglo II. Lucas es retratado como una persona culta, observadora y profundamente comprometida con la presentación de un relato ordenado y teológicamente significativo de la historia cristiana.

La erudición moderna afirma la unidad literaria y teológica de Lucas y los Hechos, pero es más cautelosa al afirmar la autoría de Lucas. El lenguaje, el estilo literario y la coherencia teológica entre ambos volúmenes sugieren firmemente la existencia de un solo autor. Este autor demuestra un alto nivel de dominio de la literatura griega, un interés por las personas marginadas y un profundo conocimiento tanto de las Escrituras judías como de la sociedad grecorromana, todo lo cual concuerda con la imagen tradicional de Lucas.

Una de las características más debatidas de los Hechos es la presencia de varias secciones narrativas en las que el narrador pasa de la tercera persona a la primera persona del plural: "nosotros." Estos pasajes, llamados "nosotros," aparecen en Hechos 16, 20, 21 y 27-28, y se asocian con las narraciones de viajes y travesías marítimas de Pablo. Sugieren, al menos superficialmente, que el narrador pudo haber participado en estos acontecimientos. Los primeros intérpretes cristianos interpretaron estos pasajes como evidencia directa de autoría. Si Lucas fue, en efecto, compañero de Pablo, el uso del "nosotros" podría reflejar sus recuerdos personales y su participación en la historia. Esta perspectiva ha respaldado durante mucho tiempo los argumentos a favor de una fecha temprana y de la credibilidad histórica de los Hechos como relato de un testigo presencial.

Sin embargo, los estudiosos modernos han planteado importantes preguntas sobre esta suposición. Varios han señalado que el uso del "nosotros" no era infrecuente en los escritos de viajes antiguos. Algunos sugieren que se trata de un recurso literario diseñado para atraer al lector a la narrativa, añadiendo inmediatez y viveza en lugar de indicar una presencia literal. Otros proponen que el autor tuvo acceso a un diario de viaje u otra fuente de primera mano que incorporó sin alterar el punto de vista. Otros proponen una función simbólica, donde el cambio a "nosotros" marca momentos de iniciativa divina, puntos de inflexión narrativos o importancia teológica. Aunque no existe consenso académico, la mayoría coincide en que los pasajes con "nosotros" son características literarias significativas que merecen atención, aunque no puedan resolver decisivamente la cuestión de la autoría.

La datación de los Hechos sigue siendo objeto de debate académico, con propuestas que abarcan desde principios de la década de 60 d. C. hasta principios de la de 120 d. C. Estas diferencias en las fechas se deben no solo a reconstrucciones históricas, sino también a marcos interpretativos sobre los objetivos teológicos de Lucas, su relación con Pablo y su visión del Imperio romano. Algunos intérpretes se inclinan por una fecha temprana, entre principios y mediados de la década de 60 d. C. Señalan que los Hechos terminan con Pablo vivo y bajo arresto domiciliario en Roma, sin mención alguna de su juicio ni ejecución. Tampoco hay ninguna referencia a la destrucción del templo de Jerusalén en el año 70 d. C. ni a la persecución neroniana. La ausencia de estos acontecimientos, si ya hubieran ocurrido, sería sorprendente. Quienes defienden una fecha temprana sugieren que la omisión se explica mejor por el hecho de que estos acontecimientos aún no habían sucedido, y que los Hechos reflejan el contexto relativamente inmediato de la misión apostólica.

Otros sugieren una fecha intermedia, entre los años 80 y 100 d. C. Esta postura se ha convertido en la predominante entre los eruditos críticos. Sostiene que el autor conocía la muerte de Pablo y la destrucción del templo, pero decidió no incluirlas porque no contribuían al propósito teológico de la narrativa. Según esta perspectiva, el final de los Hechos es intencional: Pablo se queda en Roma, predicando el evangelio sin obstáculos, lo que simboliza el avance continuo e imparable del mensaje cristiano. Este período permite el desarrollo de algunos de los temas teológicos y eclesiales presentes en los Hechos, incluyendo la creciente inclusión de los gentiles y la maduración de la identidad de la Iglesia en relación con el judaísmo y Roma.

Un tercer grupo de académicos ha propuesto una fecha posterior, a principios del siglo II, aproximadamente entre el 100 y el 120 d. C. Desde esta perspectiva, la representación idealizada de la armonía entre Pedro y Pablo, la resolución de las disputas teológicas y la descripción constante de los funcionarios romanos como justos y tolerantes sugieren un documento más reflexivo y de orientación institucional. Quienes defienden una fecha del siglo II argumentan que los Hechos podrían haber sido escritos para una Iglesia postapostólica que buscaba estabilidad, legitimidad y continuidad con la tradición apostólica. En este contexto, los Hechos sirven no solo como narrativa teológica, sino también como una forma de autodefinición eclesial.

Cada una de estas propuestas tiene sus fortalezas y debilidades. La fecha temprana preserva la posibilidad de contacto directo con testigos presenciales; la fecha intermedia explica la madurez teológica del texto; y la fecha posterior explica el papel de los Hechos en la formación de la identidad postapostólica. Si bien la certeza sigue siendo difícil de alcanzar, las tres perspectivas subrayan que los Hechos no es simplemente un registro neutral de eventos pasados, sino una narrativa teológica elaborada para abordar las necesidades de la Iglesia.

La cuestión del público está estrechamente relacionada con estas preocupaciones. Ambos volúmenes de Lucas-Hechos están dirigidos a un tal Teófilo. El nombre significa "amante de Dios," lo que ha llevado a algunos intérpretes a considerarlo simbólico, un sustituto literario del lector devoto. Sin embargo, el título honorífico "excelentísimo" utilizado en la introducción de Lucas sugiere que Teófilo probablemente fue una persona real, posiblemente un funcionario romano o mecenas de la obra. Incluso si Teófilo fuera un individuo, el público al que se dirige es claramente más amplio. El lenguaje, el estilo retórico y las explicaciones de las costumbres judías indican que la obra está escrita para cristianos cultos de habla griega que vivían en el mundo romano. Estos lectores eran probablemente creyentes de segunda generación: aquellos que no habían presenciado el ministerio de Jesús de primera mano y ahora se enfrentaban a cuestiones de identidad, legitimidad y misión dentro de un imperio pluralista. Los Hechos les proporcionan una historia teológica que legitima el movimiento cristiano, demuestra la continuidad de las promesas de Dios a Israel y afirma que la misión de la Iglesia está divinamente autorizada y es socialmente responsable.

Lucas-Hechos aborda la esencia de la identidad de la Iglesia: su arraigo en las promesas de Dios, su misión a todas las naciones, su relación con el poder mundano y su llamado a la fidelidad frente a la oposición. La autoría, la fecha y la audiencia de los Hechos pueden permanecer parcialmente ocultas, pero el mensaje teológico es claro y perdurable. Los Hechos de los Apóstoles es una obra de teología pastoral, imaginación histórica y convicción misional. Ya sea compuesta en los años sesenta, noventa o principios de los veinte, los Hechos presenta la historia de una Iglesia impulsada por el Espíritu Santo, que proclama a Cristo resucitado y avanza con urgencia divina hacia el corazón del mundo. Al explorar su narrativa y sus temas, veremos no solo lo que la Iglesia fue, sino lo que aún está llamada a ser.

## Capítulo 3
## Género y estructura

Comprender el género y la estructura de los Hechos es esencial para una lectura adecuada. Estas preguntas influyen no solo en nuestra interpretación de cada pasaje, sino también en nuestra comprensión del propósito de la obra en su conjunto. Si bien los Hechos suelen leerse como una historia sencilla de la Iglesia primitiva, un análisis más detallado revela una composición literaria y teológica más compleja. Este capítulo explora cómo los Hechos se ajustan a las convenciones literarias antiguas, qué tipo de escritura representa y cómo su estructura interna influye en su mensaje y visión teológica.

En el canon del Nuevo Testamento, los Hechos ocupa un lugar singular. Es el único libro que narra la transición del ministerio terrenal de Jesús a la propagación del evangelio a través de las primeras comunidades cristianas. Su género ha sido objeto de debate durante mucho tiempo: ¿es una historia, una biografía, un tratado teológico, un manifiesto misionero o algo completamente distinto? La respuesta, como ocurre con muchas obras antiguas, es que podría ser una combinación de todas ellas.

El libro de los Hechos se describe a menudo como un ejemplo de historiografía antigua. En el mundo grecorromano, historiadores como

Heródoto, Tucídides y Polibio escribieron relatos narrativos de acontecimientos y movimientos significativos. Estas historias no eran distantes ni objetivas en el sentido moderno; a menudo eran selectivas, retóricamente estructuradas y profundamente centradas en el significado de los acontecimientos. Los autores buscaban instruir y persuadir, no simplemente registrar hechos. En este sentido, Los Hechos de los Apóstoles de Lucas participa en las convenciones de la escritura histórica antigua. Presenta una narrativa coherente y con propósito, organizada en torno a una clara progresión de acontecimientos, centrada en figuras clave y enmarcada con discursos que explican la importancia de dichos acontecimientos.

Sin embargo, los Hechos es más que historia. No se centra en reyes ni batallas, sino en apóstoles, iglesias en casas y el obrar del Espíritu. Se ha señalado con frecuencia que los Hechos podría fácilmente llamarse "los Hechos del Espíritu Santo," ya que el Espíritu es el personaje más dinámico y constante de la narrativa. El Espíritu llama, empodera, habla, redirige y confirma. La presentación que hace Lucas del crecimiento de la Iglesia no se basa en logros humanos, sino en la iniciativa divina. Por lo tanto, los Hechos se describe mejor como una narrativa teológica: un recuento de los orígenes de la Iglesia desde una perspectiva que enfatiza la acción de Dios, la presencia constante de Cristo y el liderazgo del Espíritu.

En un provocador replanteamiento de la cuestión del género, Richard Pervo ha argumentado que los Hechos se entiende mejor como perteneciente al género de la novela antigua, en lugar de a la historiografía en el sentido clásico. En su estudio de referencia *Profit with Delight*, y más tarde en *Acts: A Commentary* (Hermeneia), Pervo demuestra que los Hechos comparte muchas características literarias con las novelas grecorromanas, como aventuras de viaje episódicas, rescates milagrosos, naufragios, juicios públicos, intervenciones divinas y cambios dramáticos de personajes. Estas características, argumenta, no son incidentales; pertenecen a una forma narrativa popular que pretendía entretener, inspirar e instruir. Los Hechos, al igual que la novela antigua, busca cautivar al lector a la vez que transmite un mensaje moral y teológico.

La contribución de Pervo ha sido controvertida, pero influyente. Si bien algunos críticos temen que asociar los Hechos con la "ficción" menoscabe su valor histórico, el argumento de Pervo no implica que los Hechos sea pura invención. Más bien, sugiere que Lucas emplea técnicas literarias comunes a la narrativa antigua para crear una narrativa teológica convincente. Para Pervo, los rasgos novelescos de los Hechos —sus protagonistas heroicos, escenarios exóticos, tramas de suspense e intervenciones divinas— son herramientas de persuasión y formación. Reconocer estos elementos ayuda a los lectores modernos a apreciar la sofisticación retórica y artística de los Hechos y nos invita a considerar cómo la narrativa y la teología se complementan para moldear la identidad de la Iglesia.

Algunos estudiosos también han comparado el libro de los Hechos con biografías antiguas o, en general, con el género novelístico. Incluye extensas narraciones de viajes, huidas dramáticas, discursos públicos, milagros y escenas de juicio. Presenta a héroes centrales —primero Pedro y luego Pablo— cuyas vidas y palabras se plasman en un patrón ejemplar de testimonio y sufrimiento. Estos elementos literarios sirven no solo para entretener e informar, sino para forjar la identidad de la comunidad que lee y narra la historia. A través de sus personajes y conflictos, el libro de los Hechos muestra cómo es el discipulado fiel en un mundo de poder político, diversidad cultural y oposición religiosa.

Otros han interpretado los Hechos como una obra apologética, un esfuerzo por defender la legitimidad del movimiento cristiano. Lucas parece esforzarse por demostrar que el cristianismo no representa una amenaza para el orden romano y que los líderes cristianos son declarados inocentes repetidamente por las autoridades romanas. Al mismo tiempo, Lucas también destaca la continuidad entre el Evangelio y las Escrituras de Israel. Los Hechos presentan a la comunidad cristiana primitiva como el cumplimiento de la historia de Israel y como un participante pacífico en el mundo romano. De esta manera, los Hechos buscan construir una identidad teológica y social para una Iglesia que se debate entre la sinagoga y el imperio.

Lucas organiza los Hechos con especial atención a la estructura. El versículo organizador más citado es Hechos 1:8, donde Jesús resucitado comisiona a los apóstoles para que sean sus testigos "en Jerusalén, en toda Judea y Samaria, y hasta los confines de la tierra." Esta progresión en tres partes ofrece una hoja de ruta geográfica y teológica para todo el libro. Los capítulos 1-7 se centran en Jerusalén; los capítulos 8-12 trazan la expansión del evangelio en Judea y Samaria; y los capítulos 13-28 siguen su expansión a través de Asia Menor y Grecia hasta llegar a Roma. Esta expansión geográfica refleja el tema teológico de la inclusión: el evangelio no se limita a un solo pueblo, una sola tierra o una sola tradición, sino que está destinado a todas las naciones.

Más allá de este arco geográfico, los Hechos también se caracteriza por la simetría y la repetición literarias. Discursos clave sirven como anclas teológicas, resumiendo el mensaje del evangelio e interpretando los eventos de la vida, muerte y resurrección de Jesús. Hay siete declaraciones resumidas principales a lo largo del libro que describen el crecimiento de la palabra o la comunidad, sirviendo como ejes narrativos (p. ej., Hechos 6:7; 9:31; 12:24). Eventos milagrosos, encarcelamientos y fugas, conversiones y juicios se repiten en patrones que refuerzan temas teológicos: el poder de Dios sobre la resistencia humana, la legitimidad de la inclusión de los gentiles y el sufrimiento de los fieles como señal del favor divino.

El uso del paralelismo por parte de Lucas es especialmente evidente en las descripciones de Pedro y Pablo. Ambos realizan milagros, predican a judíos y gentiles, enfrentan oposición y son guiados por el Espíritu. Estos paralelismos no son accidentales; sirven para subrayar la unidad de la Iglesia y la continuidad de su misión. Aunque la narración cambia de Pedro en la primera mitad a Pablo en la segunda, sus ministerios reflejan un evangelio y una vocación compartidos.

Además de estas estructuras narrativas, los Hechos está repleto de pequeños recursos literarios: quiasmos, historias pareadas, ecos de textos del Antiguo Testamento y tipologías teológicas. Estos recursos invitan a una lectura atenta y demuestran que los Hechos no es simplemente un informe, sino un relato teológico cuidadosamente elaborado. Invita a sus lectores a ver la Iglesia presente dentro de la historia que narra. El pasado no es distante, sino paradigmático.

En resumen, los Hechos se entiende mejor como una narración histórica con una fuerte carga teológica. Pertenece a la tradición más amplia de la historiografía antigua, pero trasciende esta categoría en virtud de su temática e intención. Presenta una historia de misión divina, guiada por el Espíritu, utilizando el arte literario para comunicar la verdad teológica. Su estructura es tanto geográfica como teológica, enfatizando la expansión de la Iglesia y el desarrollo de los propósitos de Dios. Comprender su género y diseño nos permite leer los Hechos no solo como una crónica del pasado, sino como una palabra viva para el presente y el futuro de la Iglesia.

A medida que profundizamos en el estudio de los Hechos, las dimensiones literarias y teológicas del libro seguirán moldeando nuestra interpretación de sus personajes, acontecimientos y mensaje. El género y la estructura no son solo cuestiones de fondo; forman parte de cómo los Hechos proclama su evangelio. El Cristo resucitado sigue activo, el Espíritu sigue guiando y la Iglesia sigue siendo enviada hasta los confines de la tierra.

## Capítulo 4
## *Contextos históricos y culturales*

Para comprender el mensaje y el significado de los Hechos de los Apóstoles, es crucial situarlos en su contexto histórico y cultural. Los Hechos es producto del mundo mediterráneo antiguo, un entorno diverso, complejo y a menudo controvertido, moldeado por el poder imperial romano, la vida religiosa judía, las normas culturales grecorromanas y la identidad cristiana emergente. El texto asume este contexto y lo aborda con frecuencia, ya sea explícitamente a través de discursos y narrativas, o implícitamente a través de las costumbres sociales y las estructuras políticas. Este capítulo ofrece una orientación básica sobre cuatro dimensiones clave del mundo histórico de los Hechos: el Imperio Romano, el mundo judío del período del Segundo Templo, la cultura urbana y filosófica grecorromana, y las realidades sociales de las comunidades cristianas primitivas.

El Imperio Romano sirve como el telón de fondo político dominante para toda la narrativa de los Hechos. Para el siglo I d.C., Roma había consolidado el control sobre un vasto territorio que se extendía desde Gran Bretaña hasta Egipto y desde España hasta Mesopotamia. Dentro de este marco imperial, el mundo mediterráneo disfrutó de un grado de relativa estabilidad, a menudo conocido como la *Pax Romana*. Esta paz, sin embargo, no fue igualitaria ni benévola en el sentido moderno; se impuso mediante la conquista militar, la explotación económica y estrictas jerarquías sociales. Las calzadas romanas, las rutas de navegación y los sistemas monetarios facilitaron los viajes y el comercio, lo que permitió a Pablo y a otros moverse con sorprendente eficiencia por todo el imperio. Sin embargo, el derecho romano, el gobierno colonial y la ideología imperial también crearon un ambiente cargado en el que la lealtad, la ciudadanía y la identidad política siempre estaban bajo escrutinio.

Los Hechos refleja tanto las oportunidades como los peligros de este contexto imperial. Por un lado, las instituciones romanas a menudo brindan plataformas para la defensa pública de los apóstoles. Los funcionarios romanos, como Galión, Lisias y Festo, generalmente se presentan como justos o indiferentes en lugar de hostiles. La ciudadanía romana de Pablo le brinda cierta protección, y su apelación al César sirve como mecanismo narrativo que lo lleva a Roma. Por otro lado, la descripción que Lucas hace del mundo romano no es acrítica. Los Hechos desafían implícitamente las reivindicaciones imperiales de soberanía al anunciar que Jesús, no el César, es el Señor. El evangelio se difunde no mediante la conquista militar, sino mediante la predicación, la hospitalidad y el sufrimiento. Si bien los Hechos no organiza una revolución política directa, sí ofrecen una visión teológica subversiva en la que la autoridad divina redefine el poder humano.

Junto al mundo político romano se encuentra el mundo religioso y cultural del judaísmo del Segundo Templo. El período comprendido entre la reconstrucción del templo de Jerusalén (516 a. C.) y su destrucción por los romanos (70 d. C.) estuvo marcado por el desarrollo de una rica y diversa tradición judía. Durante este tiempo, las comunidades judías se dispersaron por el Mediterráneo y Oriente Próximo. Si bien Jerusalén siguió siendo el centro religioso, muchos judíos vivieron en la diáspora, desenvolviéndose bajo el dominio extranjero, manteniendo su identidad de alianza.

Los Hechos revela una relación compleja y llena de matices con la tradición judía. Todos los primeros creyentes son judíos, y la misión inicial de los apóstoles se desarrolla íntegramente en entornos judíos: atrios del templo, sinagogas y festividades. Pedro, Esteban y Pablo citan libremente las Escrituras hebreas, interpretándolas a la luz de Jesús como el Mesías crucificado y resucitado. Al mismo tiempo, los Hechos retratan la creciente tensión entre el emergente movimiento de Jesús y ciertas autoridades judías. Los apóstoles son arrestados, interrogados y, en ocasiones, violentamente opuestos por miembros del Sanedrín. Los esfuerzos de Pablo a menudo comienzan en las sinagogas, pero con frecuencia terminan en conflicto, lo que lleva a un enfrentamiento con los gentiles.

Esta tensión no debe interpretarse como evidencia de una postura antijudía en los Hechos. Más bien, Lucas lidia con la cuestión teológica y sociológica de la continuidad: ¿cómo se relaciona el movimiento de Jesús con las esperanzas de Israel? La respuesta, según los Hechos, es a la vez afirmativa y expansiva. Las promesas hechas a los patriarcas y profetas se cumplen en Jesús y, a través de él, se extienden a todos los pueblos. Esta visión inclusiva es la esencia del mensaje teológico y misional de los Hechos.

El mundo grecorromano también moldeó la cultura y la imaginación de los Hechos. El griego era la lengua franca del imperio oriental, y Lucas escribe en un sofisticado griego koiné, empleando técnicas retóricas comunes en la literatura clásica. Valores grecorromanos como el honor, el patrocinio, la oratoria y la indagación filosófica se entrelazan a lo largo de la narrativa. Ciudades como Atenas, Corinto y Éfeso no son solo ubicaciones geográficas, sino centros simbólicos de encuentro cultural.

El compromiso de Pablo con la cultura grecorromana es particularmente notable. En Atenas, habla en el Areópago, mencionando a poetas locales y articulando una cosmovisión monoteísta en términos filosóficos. En Éfeso, su predicación amenaza los sistemas económicos y religiosos construidos en torno al culto a Artemisa. Estos encuentros revelan tanto la apertura como la resistencia de la sociedad grecorromana al mensaje cristiano. Los apóstoles no son retratados como forasteros culturales ni rebeldes, sino como participantes articulados en el discurso público de su época. Su mensaje desafía las normas imperantes, no mediante el retraimiento, sino a través de una profunda participación y un testimonio contracultural.

Una dimensión significativa de ese compromiso cultural se relaciona con la forma en que los Hechos retrata a las figuras religiosas paganas, en particular a magos, sacerdotes y seguidores de cultos tradicionales. Estos personajes aparecen en momentos clave de la narrativa, a menudo sirviendo como contrastes de los apóstoles o como representantes de la confusión espiritual del mundo gentil. En estos episodios, Lucas no se limita a burlarse o condenar el paganismo; más bien, utiliza los encuentros con figuras religiosas para demostrar la superioridad del evangelio cristiano y el poder del Espíritu Santo sobre las pretensiones rivales de autoridad espiritual.

En Hechos 8, Simón, el mago de Samaria, asombra al pueblo con sus prácticas ocultistas y se le describe como alguien que se atribuía estatus divino: "Este hombre es el poder de Dios llamado Grande." Sin embargo, la influencia de Simón se ve rápidamente eclipsada cuando Felipe predica a Cristo, realiza sanaciones y administra el bautismo. Simón mismo cree y es bautizado, aunque su posterior petición de comprar el poder del Espíritu provoca una dura reprimenda de Pedro. Este relato destaca tanto el atractivo del evangelio como la diferencia radical entre la gracia divina y la manipulación humana del poder espiritual.

Una dinámica similar se desarrolla en Hechos 13, donde Pablo y Bernabé se encuentran con Elimas, el mago, en la isla de Chipre. Elimas, descrito como un "falso profeta," se opone a los esfuerzos de los apóstoles por evangelizar al procónsul romano Sergio Paulo. Pablo reprende directamente a Elimas, llamándolo "hijo del diablo," y lo cega temporalmente. La narración presenta este enfrentamiento como una contienda de autoridades espirituales, y la victoria de Pablo es inmediata y contundente. El procónsul queda asombrado, no solo por el milagro, sino por la enseñanza del Señor, lo que refuerza la idea de que la verdad, y no el espectáculo, es la esencia del testimonio apostólico.

Quizás la representación más elaborada de la vida religiosa grecorromana aparece en Hechos 19, donde el ministerio de Pablo en Éfeso provoca una revuelta liderada por artesanos y sacerdotes devotos de Artemisa, la diosa patrona de la ciudad. El relato subraya las dimensiones económicas y religiosas de la devoción pagana. Los artesanos que fabrican santuarios de plata ven su negocio amenazado por la expansión del cristianismo. La multitud, incitada por el temor a la deshonra religiosa y la desgracia cívica, canta "¡Grande es Artemisa de los efesios!" durante dos horas. Si bien el secretario municipal finalmente restablece el orden, el episodio ilustra cómo el evangelio desafía no solo las creencias personales, sino también las estructuras culturales y comerciales que sustentan la religión pagana.

Lo que une estos diversos encuentros es la representación consistente que Lucas hace de la religión pagana como poderosa, pero en última instancia subordinada al evangelio. Magos, sacerdotes e idólatras no son representados como caricaturas; son influyentes, elocuentes y están insertos en complejas redes de creencias y prácticas. Sin embargo, en todos los casos, el mensaje apostólico revela sus limitaciones, ya sea a través del contraste de carácter, la claridad de la doctrina o la demostración del poder divino. Los apóstoles no apelan a la coerción ni a la violencia, sino a la verdad, la sanación y la proclamación. De esta manera, los Hechos presenta una teología narrativa de confrontación y conversión, en la que el evangelio critica y trasciende el panorama espiritual del mundo romano.

Estos episodios también cumplen una función literaria y teológica más amplia. Dramatizan la transición del pluralismo religioso al señorío singular de Cristo, y de los cultos locales a una Iglesia universal. La pérdida de poder de los magos y la inquietud pública en torno a la idolatría indican que algo nuevo está irrumpiendo en el mundo: un movimiento divino que no se confina en templos, rituales ni dioses cívicos. La presencia de tales figuras en la narrativa refuerza así la afirmación teológica central de Lucas: que Jesús resucitado es Señor de todos los ámbitos espirituales y sociales, y que su Espíritu empodera a un pueblo que ya no está atado por el miedo, la manipulación ni la superstición.

Finalmente, las primeras comunidades cristianas de los Hechos reflejan las realidades sociales del mundo mediterráneo del siglo I. Estas comunidades son pequeñas, móviles y diversas. Se reúnen en hogares, dependen de redes de hospitalidad y a menudo incluyen una sorprendente mezcla de hombres y mujeres, judíos y gentiles, esclavos y libres. La estratificación social era un rasgo característico de la sociedad romana, pero los Hechos imaginan un nuevo tipo de comunidad marcada por el cuidado mutuo, los bienes compartidos y la igualdad espiritual.

Lucas presta especial atención al papel de las mujeres —María, Lidia, Priscila— y a la inclusión de los pobres y marginados. Si bien no se borran todas las divisiones sociales, los Hechos presenta una visión de la Iglesia como un anticipo del reino de Dios: una comunidad donde el Espíritu rompe barreras y reorganiza las relaciones. Esta visión social, aunque imperfectamente realizada, sirve tanto como descripción de la práctica temprana como de un ideal teológico.

En resumen, el mundo de los Hechos es un mundo de identidades superpuestas y tensiones dinámicas. La Iglesia nace en la encrucijada del poder romano, la piedad judía y la cultura griega. Comprender estos contextos históricos y culturales nos permite ver los Hechos no como un relato espiritual abstracto, sino como una historia teológicamente cargada, arraigada en lugares, personas y presiones reales. El mensaje de los Hechos se forja en las complejidades del imperio, la diáspora y la transformación social, contextos similares a los que enfrenta la Iglesia global hoy.

A medida que avanzamos, este contexto seguirá siendo vital. Los discursos, conflictos, conversiones y viajes de los Hechos adquieren un significado más profundo cuando los leemos a la luz del mundo que moldeó, y fue transformado por, el primer testimonio cristiano.

## Capítulo 5
## Los textos griegos de los Hechos y su diversidad

Entre los escritos del Nuevo Testamento, el libro de los Hechos presenta una de las tradiciones textuales más fascinantes y complejas. Si bien todos los libros del Nuevo Testamento presentan cierto grado de variación manuscrita, los Hechos destaca por la magnitud y la naturaleza de estas diferencias, especialmente entre ciertas familias de manuscritos. Comprender la diversidad de los textos griegos que se encuentran detrás de los Hechos es esencial tanto para la interpretación bíblica como para la reflexión teológica. Este capítulo presenta los principales manuscritos que testifican sobre los Hechos, explora la historia y la naturaleza de las variaciones textuales y considera cómo estas influyen en nuestra comprensión de los Hechos hoy.

La crítica textual —la práctica académica de comparar y analizar manuscritos antiguos— es fundamental para los estudios del Nuevo Testamento. Dado que los manuscritos originales (autógrafos) de los textos bíblicos no se han conservado, los académicos deben reconstruir la forma más antigua alcanzable del texto utilizando miles de manuscritos copiados a mano de diferentes siglos, regiones y tradiciones de copistas. En el caso de los Hechos, la variación entre estos manuscritos es especialmente sustancial. La tradición textual de los Hechos presenta diferencias en vocabulario, redacción, orden e incluso contenido, que a menudo superan la variación encontrada en los Evangelios o las epístolas paulinas.

Estas diferencias textuales no son simplemente motivo de curiosidad académica; son importantes para la interpretación. Los Hechos no es simplemente un relato histórico de la Iglesia primitiva, sino una narración teológica que articula una visión del Espíritu de Dios obrando en y a través de la expansión de la Iglesia. Las variaciones en el texto pueden afectar la comprensión de los lectores sobre temas clave, énfasis teológicos y la naturaleza del movimiento cristiano primitivo. Ser consciente de esta diversidad invita a una postura de humildad interpretativa y anima a los estudiantes de las Escrituras a prestar atención a cómo el texto ha sido moldeado a lo largo del tiempo.

El texto griego de los Hechos se conserva en una amplia gama de manuscritos. Entre los más antiguos se encuentran papiros fragmentarios como el $P^{45}$, que data de principios del siglo III y ofrece un testimonio importante, aunque incompleto, del texto de los Hechos. Otro papiro valioso es el $P^{74}$, del siglo VII, que se alinea estrechamente con la tradición textual alejandrina. Testimonios más completos incluyen códices del siglo IV, como el Códice Vaticano y el Códice Sinaítico, que reflejan en general el tipo textual alejandrino. El Códice Bezae, un manuscrito del siglo V escrito tanto en griego como en latín, representa una tradición textual radicalmente diferente, conocida como el texto occidental. Otros unciales importantes son el Códice Alejandrino y el Códice Efraín Rescripto.

Estos manuscritos suelen agruparse en familias textuales: conjuntos de manuscritos que comparten un patrón de lectura similar. Las familias alejandrina, occidental y bizantina son las más citadas en la investigación sobre los Hechos. Si bien el tipo textual bizantino predomina en la mayoría de los manuscritos posteriores, son las tradiciones alejandrina y occidental las más cruciales para reconstruir la forma más temprana de los Hechos.

La característica más destacada de la historia textual de los Hechos es la existencia del texto occidental. El Códice Bezae es su representante más destacado y contiene una versión de los Hechos considerablemente más larga que el texto alejandrino, hasta en un diez por ciento. Esta versión occidental incluye más de 800 variaciones distintas, algunas de las cuales consisten en discursos ampliados, detalles narrativos adicionales o declaraciones teológicas reformuladas.

El texto occidental no se etiqueta como "occidental" por su geografía (sus lecturas se encuentran en manuscritos de diversas regiones), sino porque refleja un estilo distintivo de transmisión. Tiende a ser más expansivo y parafrástico, ofreciendo elaboración, aclaración o intensificación del texto. Mientras que el texto alejandrino puede ser conciso, el occidental a menudo introduce comentarios adicionales o un toque narrativo. En algunos casos, estas expansiones parecen realzar la viveza narrativa o aclarar motivos teológicos.

Un ejemplo ilustrativo proviene de Hechos 11:26, donde el texto occidental añade que los discípulos fueron llamados cristianos en Antioquía porque fueron llamados por el nombre de Dios. Otro aparece en Hechos 12:10, donde la fuga de Pedro de la prisión se relata con mayor dramatismo. La versión occidental de Hechos 15 incluye un relato más completo de la disputa entre Pablo y Bernabé. Estas variantes, si bien no alteran la narrativa principal, contribuyen a una narración más detallada y, a menudo, más teológica.

Los académicos han ofrecido diferentes explicaciones sobre la existencia y la naturaleza del texto occidental. Algunos argumentan que refleja una edición alternativa temprana de los Hechos, posiblemente circulada antes del surgimiento de una versión más estandarizada. De ser así, el texto occidental podría preservar valiosas tradiciones omitidas de la corriente alejandrina. Otros sostienen que el texto occidental es una expansión secundaria, resultado de la adaptación creativa de los Hechos por parte de comunidades o escribas con fines litúrgicos o teológicos. Otros sugieren que ambos tipos de textos descienden de una versión anterior, menos fija, de los Hechos y que la tradición textual fue más fluida en las primeras décadas de la Iglesia.

Las ediciones críticas modernas del Nuevo Testamento griego, como la 28.ª edición de Nestlé-Åland y la 5.ª edición de las Sociedades Bíblicas Unidas, generalmente priorizan el texto alejandrino como el más cercano al original. Sin embargo, con frecuencia observan variantes occidentales significativas en el aparato crítico y, en algunos casos, en el texto principal. El trabajo continuo de proyectos como Text und Textwert continúa aclarando y evaluando estas relaciones textuales.

Las implicaciones teológicas de esta diversidad textual son considerables. La existencia de múltiples versiones antiguas de los Hechos desafía las nociones simplistas de uniformidad bíblica o autoridad textual estática. Sugiere que la Iglesia primitiva conservó no solo una única versión de sus narrativas fundacionales, sino múltiples corrientes de tradición, cada una reflejando las preocupaciones, experiencias y prioridades teológicas de las comunidades que las transmitieron.

Para los intérpretes de hoy, esto significa abordar los Hechos con aprecio por su fuerza narrativa y atención a la compleja historia de su desarrollo textual. Algunas lecturas occidentales pueden ofrecer énfasis teológicos alternativos o arrojar luz sobre cómo los primeros cristianos entendieron momentos clave de la historia. El texto alejandrino, aunque generalmente más conciso, puede reflejar una tradición editorial orientada a preservar una versión simplificada de los acontecimientos. Ambos ofrecen una perspectiva sobre la recepción y el uso de los Hechos en la Iglesia primitiva.

En definitiva, la diversidad textual de los Hechos no debe considerarse una amenaza a la integridad de las Escrituras, sino un testimonio de la vitalidad del movimiento cristiano primitivo. La multiplicidad de lecturas da testimonio de la amplia circulación, la cuidadosa transmisión y la perdurable relevancia de esta narrativa. Para los lectores y estudiantes modernos, esta diversidad invita a un estudio más profundo, a una mayor curiosidad y a una comprensión más profunda de la comunidad guiada por el Espíritu que Lucas describe.

En definitiva, los Hechos nos llegan no en una forma única y fija, sino como un texto vivo: un texto que ha crecido, se ha expandido y evolucionado en diálogo con las comunidades que lo han leído, orado y proclamado. Estudiar los textos griegos de los Hechos es adentrarse en esa rica y dinámica historia y escuchar de nuevo la voz del Espíritu que habla a través de la memoria sagrada de la Iglesia.

# Parte II
# La narrativa de los Hechos

## Capítulo 6
## Hechos 1-15
## Jerusalén ante el Concilio de Jerusalén

Los primeros quince capítulos de los Hechos forman un arco narrativo independiente, que traza el nacimiento de la Iglesia en Jerusalén y su expansión a Judea, Samaria y el mundo gentil. Estos capítulos son teológicamente densos y narrativamente dinámicos, repletos de sermones impactantes, experimentos comunitarios, señales divinas, oposición y puntos de inflexión que transforman la identidad y la misión del movimiento cristiano primitivo. En este capítulo, examinaremos los principales eventos y temas de Hechos 1-15, prestando atención a cómo Lucas describe el crecimiento de la Iglesia, el papel del Espíritu, el surgimiento del liderazgo y las implicaciones teológicas radicales de la inclusión de los gentiles.

El libro de los Hechos comienza con continuidad. Jesús resucitado, antes de ascender, recuerda a los discípulos las promesas de Dios y los comisiona para ser sus testigos "en Jerusalén, en toda Judea y Samaria, y hasta los confines de la tierra" (Hechos 1:8). Este versículo se lee a menudo como un esquema programático para todo el libro, y con razón. También subraya la naturaleza profundamente misional y orientada al exterior de la narrativa que sigue. La transición del ministerio terrenal de Jesús al ministerio de los apóstoles, impulsado por el Espíritu, establece el tono teológico de todo lo que sigue: la Iglesia no es simplemente receptora de la salvación, sino agente de proclamación.

El evento de Pentecostés en Hechos 2 marca el dramático comienzo de este testimonio inspirado por el Espíritu. En el día de Pentecostés, el Espíritu desciende con señales audibles y visibles, y los apóstoles comienzan a hablar en otros idiomas, atrayendo a una multitud internacional desconcertada. Pedro, lleno del Espíritu, predica el primer sermón cristiano, interpretando el evento a través de la profecía de Joel y proclamando a Jesús como el Mesías crucificado y resucitado de Israel. El discurso culmina con un llamado al arrepentimiento y al bautismo, y tres mil personas responden. Este momento marca no solo el nacimiento de la Iglesia, sino también el comienzo del énfasis constante de Lucas en el poder de la predicación y la receptividad de la audiencia preparada por el Espíritu.

Lo que sigue en los capítulos 2 al 7 se conoce a menudo como el período de la "Iglesia de Jerusalén." Estos primeros capítulos describen una comunidad vibrante e idealizada: los creyentes se dedican a la enseñanza de los apóstoles, la oración, la comunión en la mesa y el compartir recursos. Hechos 2:42-47 y 4:32-37 describen una comunidad económica radical en la que nadie reclama propiedad privada y el producto de los bienes compartidos se redistribuye según la necesidad. Estos pasajes han inspirado siglos de reflexión cristiana sobre la justicia económica, la pobreza voluntaria y la posibilidad de una vida comunitaria moldeada por el Espíritu en lugar de la escasez.

Al mismo tiempo, la Iglesia de Jerusalén enfrenta una oposición inmediata. La curación de un cojo en la puerta del templo en Hechos 3 atrae la atención y las críticas. Pedro y Juan son arrestados, amonestados y finalmente azotados. Esteban, uno de los siete elegidos para supervisar la distribución de alimentos, se convierte en el primer mártir tras pronunciar un discurso profético que relata la historia de Israel y desafía la visión centrada en el templo de la presencia de Dios. Su lapidación en Hechos 7 desencadena una persecución más amplia, lo que lleva a la dispersión de los creyentes más allá de Jerusalén.

Esta dispersión, sin embargo, se convierte en la ocasión para un testimonio más amplio. Felipe predica en Samaria, realiza milagros y bautiza a nuevos creyentes, incluyendo a Simón el mago. En uno de los momentos teológicamente más significativos de los Hechos, Felipe se encuentra con un eunuco etíope que lee Isaías y le explica la buena nueva de Jesús. El deseo inmediato del eunuco de ser bautizado demuestra tanto la orquestación del Espíritu como la apertura radical del evangelio a aquellos que durante mucho tiempo habían estado excluidos por las barreras religiosas tradicionales. La historia también plantea importantes preguntas sobre la raza, el género y el estatus en la Iglesia emergente.

Hechos 9 narra el dramático encuentro entre Saulo de Tarso y Cristo resucitado en el camino a

Damasco. Siendo un ferviente perseguidor de la Iglesia, Saulo se enfrenta al Señor resucitado en un momento que lo ciega físicamente, pero lo abre espiritualmente. Este acontecimiento funciona como un punto de inflexión teológico, no solo para Saulo, quien se convierte en Pablo, sino también para la narrativa en su conjunto. El encuentro de Pablo con Cristo ilustra la misericordia y la iniciativa de Dios, y presenta a la figura que se convertirá en el personaje misionero central en la segunda mitad del libro. Sus inicios en el ministerio están marcados por la sospecha de los creyentes y la oposición de otros; sin embargo, su predicación resulta poderosa y comienza a moldear la misión de la Iglesia más allá de sus raíces judías.

El siguiente desarrollo teológico crucial se da en Hechos 10-11, cuando Pedro recibe una visión de animales limpios e inmundos y es llamado a la casa de Cornelio, un centurión romano. Mientras Pedro predica, el Espíritu Santo desciende sobre Cornelio y su familia: gentiles que no se han convertido al judaísmo. Este "Pentecostés gentil" es crucial: obliga a Pedro y a la comunidad de Jerusalén a reconocer que Dios no hace acepción de personas y que el don del Espíritu no está limitado por la etnia, la ley ni la pureza ritual. La defensa de Pedro ante los creyentes de Jerusalén en Hechos 11 marca una de las primeras afirmaciones teológicas formales de la inclusión de los gentiles sin circuncisión.

Hechos 12 vuelve brevemente a centrarse en Jerusalén. Herodes Agripa I persigue a la Iglesia, asesinando a Santiago, hermano de Juan, y encarcelando a Pedro, quien es liberado milagrosamente. Este episodio destaca tanto el precio del discipulado como la misteriosa soberanía de Dios. La narración de la muerte de Herodes —herido por un ángel y comido por gusanos por aceptar honores divinos— funciona como un comentario teológico sobre el poder y el orgullo. Aun cuando los gobernantes intentan silenciar el evangelio, "la palabra de Dios seguía avanzando y ganando adeptos" (Hechos 12:24).

Los capítulos 13-15 se centran decisivamente en la misión a los gentiles. Pablo y Bernabé son apartados por la iglesia de Antioquía y enviados por el Espíritu. Sus viajes, discursos y experiencias por Chipre y Asia Menor muestran tanto la fecundidad como la resistencia de su misión. Los discursos de Pablo —particularmente en Antioquía de Pisidia (Hechos 13) y Listra (Hechos 14)— son contextuales, se fundamentan en la Biblia y están dirigidos a un público diverso. Repetidamente, algunos judíos responden positivamente, pero otros se oponen al mensaje, lo que impulsa a Pablo y Bernabé a acercarse a los gentiles. Estos eventos establecen un patrón de predicación inicial en la sinagoga, conflicto y posterior expansión a nuevas comunidades.

El creciente número de gentiles conversos plantea preguntas urgentes sobre la identidad y la inclusión. ¿Deben los gentiles circuncidarse? ¿Deben seguir la ley mosaica? Estas tensiones llegan a un punto crítico en Hechos 15, en lo que a menudo se denomina el "Concilio de Jerusalén." Allí, los apóstoles y los ancianos se reúnen para discernir si se exige a los creyentes gentiles la plena adhesión a la Torá. Tras un largo debate, Pedro relata los sucesos en casa de Cornelio, Pablo y Bernabé describen sus propias experiencias, y Santiago, hermano de Jesús y líder clave en Jerusalén, ofrece un juicio. El concilio concluye que los gentiles no están obligados a circuncidarse, aunque se les anima a abstenerse de ciertas prácticas asociadas con la idolatría. Se redacta una carta y se envía a Antioquía, lo que produce alegría y alivio.

Este concilio representa un hito en la historia cristiana. Afirma que la salvación es por gracia mediante la fe, no por las obras de la ley, y legitima la misión gentil como una continuación de los propósitos de Dios, guiada por el Espíritu. La Iglesia primitiva no se fragmenta, sino que demuestra una notable capacidad de reflexión teológica, discernimiento comunitario y unidad en la diversidad.

La primera mitad de los Hechos, pues, traza la expansión teológica y geográfica de la Iglesia primitiva. De Jerusalén a Samaria, de judíos a gentiles, de Pedro a Pablo, la narrativa se desarrolla como una historia de iniciativa divina, respuesta humana y guía del Espíritu. Mediante la predicación, la sanación, la controversia y la toma de decisiones, la Iglesia se convierte en lo que Jesús declaró que sería: un testigo hasta los confines de la tierra.

Al llegar a la segunda mitad de los Hechos, seguiremos más de cerca las narraciones de los viajes de Pablo y reflexionaremos sobre cómo la visión teológica de Lucas continúa dando forma a la representación de la misión, el liderazgo, el sufrimiento y la esperanza en un mundo resistente al evangelio y transformado por él.

## Capítulo 7
## Hechos 16-28
## Hasta los confines de la tierra

La segunda mitad del libro de los Hechos narra la rápida expansión, impulsada por el Espíritu, del movimiento cristiano primitivo por el Mediterráneo oriental, que culminó con la llegada de Pablo a Roma. La sección comienza con la misión continua de Pablo, ahora con nuevos compañeros y un sentido más amplio de vocación, y concluye con la predicación del evangelio sin trabas en el corazón mismo del imperio. A lo largo de Hechos 16-28, Lucas ofrece no solo una secuencia histórica de acontecimientos, sino también un retrato teológico de una Iglesia en movimiento: fortalecida por el Espíritu, impulsada por el mensaje de Cristo y puesta a prueba por pruebas, conflictos y sufrimiento. En este capítulo, rastrearemos temas y episodios clave de estos capítulos, con especial atención al papel de Pablo, la función del viaje y la importancia de Roma como destino simbólico y narrativo.

Hechos 16 comienza con Pablo revisitando comunidades de su viaje anterior y luego extendiéndose a nuevos territorios bajo la guía del Espíritu. La "visión macedonia" marca un giro significativo en la narrativa: Pablo es llamado a cruzar el mar Egeo hacia Europa. El Espíritu no solo impulsa la misión, sino que también la redirige, ya que a Pablo y a sus compañeros se les impide entrar en ciertas regiones y, en cambio, son conducidos a Filipos, una colonia romana en Macedonia. Allí, Pablo conoce a Lidia, una acaudalada gentil adoradora de Dios, quien se convierte en la primera conversa europea registrada. Su hogar se convierte en un centro de reunión cristiana, reflejando el papel de las iglesias familiares en las primeras comunidades cristianas.

La misión en Filipos encapsula características clave del ministerio de Pablo: proclamación pública, liberación de la opresión espiritual, confrontación con las estructuras de poder locales y sufrimiento por causa del evangelio. Pablo y Silas son encarcelados tras expulsar el espíritu de una esclava que había sido explotada con fines adivinatorios. Su encarcelamiento, marcado por la oración y el canto, conduce a un terremoto, una liberación dramática y la conversión de su carcelero y su familia. Estas escenas combinan la intervención divina con la fidelidad humana e ilustran cómo la persecución a menudo se convierte en ocasión para la misión y la transformación.

A medida que Pablo continúa su recorrido por Tesalónica, Berea y, finalmente, Atenas, Lucas describe diversas reacciones al evangelio: algunas hostiles, otras receptivas, muchas mixtas. En cada ciudad, Pablo comienza en la sinagoga, predicando a judíos y a los temerosos de Dios, antes de dirigirse a la población gentil en general. El discurso en el Areópago de Atenas (Hechos 17) es uno de los pasajes más estudiados de los Hechos. En él, Pablo adapta su mensaje a un público filosófico, citando a poetas griegos y apelando a la teología natural antes de anunciar la resurrección de Jesús. Este discurso demuestra la habilidad retórica de Pablo y su capacidad para interactuar con diferentes contextos culturales sin comprometer la esencia del evangelio.

La misión de Pablo en Corinto (Hechos 18) se caracteriza por una oposición constante y la seguridad divina. Jesús se le aparece a Pablo en una visión, animándolo a seguir hablando con valentía, pues muchos en la ciudad pertenecen a Dios. Esta afirmación de la soberanía divina en medio de la adversidad se convierte en un tema recurrente en los viajes de Pablo. En Éfeso (Hechos 19), el extenso ministerio de Pablo incluye enseñanzas, sanaciones, exorcismos públicos y, finalmente, una confrontación con la economía local y el sistema religioso vinculado al culto de Artemisa. El disturbio resultante demuestra cómo el evangelio desafía no solo los sistemas espirituales, sino también las estructuras sociales y económicas arraigadas en la idolatría.

A lo largo de estos relatos de viaje, Lucas enfatiza la interacción entre la guía del Espíritu y la determinación apostólica. Pablo es guiado y resistido, protegido y perseguido a la vez. Su viaje no es una marcha triunfal, sino una peregrinación de testimonio, marcada por el sufrimiento, la resiliencia y la esperanza. Lucas presenta el ministerio de Pablo como una continuación del propio camino de Jesús: un modelo de misión a través de la prueba, fortalecido por el Espíritu y sostenido por la promesa divina.

A partir de Hechos 20, Pablo emprende su viaje de regreso a Jerusalén, consciente del sufrimiento que le aguarda. Su discurso de despedida a los ancianos efesios en Mileto es uno de los momentos más emotivos de los Hechos. En él, Pablo reflexiona sobre su ministerio, advierte sobre los desafíos futuros y encomienda la Iglesia al cuidado de Dios. Este momento, escrito según la tradición de los antiguos discursos de despedida, es a la vez pastoral y profético. Presenta a Pablo no solo como misionero, sino como un pastor que se ha entregado por el bien del rebaño.

Al llegar a Jerusalén (Hechos 21), Pablo se topa con la sospecha de algunos creyentes judíos y la hostilidad de otros en la ciudad. Un malentendido en el templo conduce a su arresto por las autoridades romanas. Lo que sigue en Hechos 22-26 es una serie de juicios y discursos en los que Pablo se defiende ante diversos funcionarios: tribunos romanos, líderes judíos, gobernadores como Félix y Festo, y finalmente el rey Agripa. Estos discursos no solo demuestran la agilidad retórica de Pablo, sino que también le sirven para proclamar el evangelio ante gobernantes y autoridades, cumpliendo así la promesa de Jesús de que sus seguidores darían testimonio "ante reyes y gobernadores" (cf. Lucas 21:12).

En cada defensa, Pablo apela no a su propio estatus ni a su seguridad, sino a la resurrección de Jesús y a la legitimidad de su llamado. Su testimonio se remonta repetidamente a su encuentro con Cristo resucitado en el camino a Damasco, un momento que, para Pablo, define su identidad y su misión. La narración enfatiza la proclamación constante de Pablo ante el peligro y la incomprensión, y Lucas utiliza estas escenas judiciales para reiterar temas teológicos clave: la inocencia del movimiento cristiano, el cumplimiento de la esperanza de Israel y la naturaleza imparable del evangelio.

Finalmente, Pablo apela al César, invocando sus derechos como ciudadano romano. Esta maniobra legal prepara el terreno para la última etapa de su viaje a Roma. Hechos 27-28 relata el viaje y el naufragio de Pablo con vívidos detalles, casi cinematográficos. La tormenta en el mar, su liderazgo durante la crisis y la llegada a salvo a Malta refuerzan su autoridad como siervo de Dios lleno del Espíritu. La narración está llena de ecos simbólicos de Jonás, la calma del mar por parte de Jesús y los relatos de la liberación de Israel. Pablo, aunque prisionero, emerge como el verdadero capitán del viaje: una figura de estabilidad, valentía y visión profética.

Los Hechos termina con la llegada de Pablo a Roma, donde es puesto bajo arresto domiciliario, pero continúa predicando y enseñando "con toda valentía y sin impedimento" (Hechos 28:31). Lo abrupto del final ha desconcertado a muchos lectores —no se menciona el juicio ni la muerte de Pablo—, pero esta conclusión abierta tiene una gran resonancia teológica. El evangelio ha llegado a Roma, el corazón del imperio, y continúa su expansión. La historia de Pablo permanece inconclusa porque la misión de la Iglesia aún está en desarrollo. Lucas no concluye con una resolución, sino con la visión de un evangelio imparable y un testigo fiel que continúa proclamando el reino de Dios.

A lo largo de Hechos 16-28, los temas presentados anteriormente en el libro alcanzan su máxima expresión. El Espíritu continúa guiando y fortaleciendo. La Iglesia crece mediante la proclamación, la hospitalidad y la perseverancia. El ministerio de Pablo refleja tanto la continuidad del liderazgo anterior de Pedro como una misión cada vez más amplia. La inclusión de los gentiles, afirmada en Hechos 15, se materializa ahora en diversas comunidades del Mediterráneo. Y la trayectoria narrativa —de Jerusalén a Roma— simboliza tanto la expansión geográfica como el cumplimiento teológico: el mensaje de Jesús ha llegado al centro del mundo conocido y se proclama a todos los pueblos.

Los Hechos termina, pues, no como una historia cerrada, sino como una invitación. El lector se encuentra con una Iglesia en movimiento, un evangelio sin fronteras y un llamado que continúa. El libro de los Hechos, en ambas mitades, narra la historia de lo que Cristo resucitado continúa haciendo a través del Espíritu y la Iglesia. Esa historia no terminó en Roma, y aún no ha terminado.

*Parte III*
*Temas clave*
*y preocupaciones teológicas*

## Capítulo 8
## *Personajes principales de los Hechos*
## *Pedro, Esteban, Bernabé y Pablo*

Los Hechos de los Apóstoles se moldea no solo por la actividad del Espíritu Santo y el impulso progresista de la misión de la Iglesia, sino también por la vida y el ministerio de personas clave. Si bien los Hechos no son una colección de biografías, sí desarrollan ciertos personajes con considerable profundidad narrativa e importancia teológica. Entre ellos, destacan Pedro, Esteban, Bernabé y Pablo. Encarnan diversas formas de liderazgo cristiano —pastoral, profético, misionero y apostólico— e ilustran cómo Cristo resucitado continúa obrando a través de diversas personalidades y vocaciones. Este capítulo ofrece una exploración teológica y literaria de cada una de estas figuras, prestando atención a cómo Lucas describe sus roles, acciones y testimonio perdurable.

Pedro es la figura dominante en la primera mitad de los Hechos. Se le presenta como el líder de los apóstoles, la voz de la Iglesia primitiva en Jerusalén y el primero en proclamar el evangelio después de Pentecostés. Lucas retrata a Pedro como valiente y lleno del Espíritu, capaz de enseñar con autoridad y realizar milagros poderosos. Su discurso en Hechos 2 es una piedra angular teológica, al anunciar que Jesús es Señor y Mesías e invitar al arrepentimiento, al bautismo y a la recepción del Espíritu Santo. Los sermones de Pedro a lo largo de los Hechos vinculan constantemente la resurrección de Jesús con el cumplimiento de las Escrituras de Israel, enfatizando tanto la continuidad con las esperanzas judías como la realidad radicalmente nueva inaugurada por el Espíritu.

Pedro también es el principal agente de sanidad y restauración en Hechos 3-5. Su sanación del hombre cojo en la puerta del templo refleja el propio ministerio de sanidad de Jesús e invita al asombro público y a la confrontación con las autoridades religiosas. La disposición de Pedro a desafiar al Sanedrín —"Es necesario obedecer a Dios antes que a los hombres" (Hechos 5:29)— demuestra su transformación del temeroso negador de los Evangelios a un valiente testigo apostólico. También es central en dos momentos clave de inclusión: la incorporación de los samaritanos a la Iglesia (Hechos 8) y la dramática aceptación de los gentiles en la comunidad de creyentes después de su encuentro con Cornelio (Hechos 10). En ambos casos, Pedro es guiado por visiones y el Espíritu, lo que revela su apertura a la guía divina incluso cuando desafía suposiciones profundamente arraigadas. El carácter de Pedro ejemplifica así un liderazgo pastoral arraigado en las Escrituras, fortalecido por el Espíritu y receptivo a la sorprendente iniciativa de Dios.

Esteban aparece brevemente en Hechos 6-7, pero su testimonio tiene un peso teológico significativo. Se le presenta como uno de los siete elegidos para supervisar la distribución justa de los alimentos, pero pronto emerge como un poderoso predicador y hacedor de milagros. Lucas lo describe como "lleno de gracia y poder," un hombre cuya sabiduría y espíritu nadie podía resistir. Su discurso ante el Sanedrín en Hechos 7 es el más largo del libro y funciona como una crítica profética del rechazo constante de Israel a los mensajeros de Dios. Al relatar la historia de Abraham, José, Moisés y el tabernáculo, Esteban argumenta que Dios nunca ha estado confinado al templo y que los líderes actuales se resisten al Espíritu al igual que sus antepasados.

El martirio de Esteban marca un punto de inflexión narrativo y teológico. Fue el primero en morir por el nombre de Jesús, y su muerte se asemeja mucho a la de Cristo: perdonó a sus verdugos y entregó su espíritu a Dios. Su visión del Hijo del Hombre de pie a la diestra de Dios no solo afirma la exaltación de Jesús, sino que también señala la aprobación divina del testimonio de Esteban. La persecución que siguió a su muerte condujo a la dispersión de los creyentes y al inicio de la misión más allá de Jerusalén. De esta manera, la voz profética de Esteban y su fe invaluable impulsaron la expansión de la Iglesia. Representa una forma de liderazgo cristiano que no es organizativo ni misionero, sino profundamente profético: proclama la verdad al poder incluso hasta la muerte.

Bernabé, presentado en Hechos 4, desempeña un papel vital, aunque a menudo subestimado, en la narrativa. Levita de Chipre, su verdadero nombre es José, pero los apóstoles le dan el nombre de Bernabé, que significa "hijo de consolación." Desde el principio, Bernabé personifica la generosidad y el apoyo. Vende un campo y dona las ganancias a la comunidad, en marcado contraste con Ananías y Safira. Cuando Saulo llega a Jerusalén tras su encuentro con Cristo resucitado, es Bernabé quien lo defiende ante los escépticos apóstoles. Más tarde, Bernabé es enviado a investigar la nueva comunidad de Antioquía, donde reconoce la gracia de Dios y ayuda a nutrir la creciente Iglesia multiétnica. Pronto recluta a Pablo para que se una a él en el ministerio allí, iniciando una colaboración que moldeará la labor de la Iglesia hacia los gentiles.

Bernabé acompaña a Pablo en su primer gran viaje (Hechos 13-14), y su colaboración se caracteriza por la predicación, el sufrimiento y el discernimiento compartidos. Cabe destacar que Bernabé sigue siendo un constructor de puentes. En Hechos 15, cuando surge el debate sobre la inclusión de los gentiles y la circuncisión, Bernabé alza su voz a favor de la acogida. Su posterior desacuerdo con Pablo sobre la inclusión de Juan Marcos (Hechos 15:36-41) culmina en su separación; sin embargo, este momento refleja el firme compromiso de Bernabé con la reconciliación y las segundas oportunidades. Su carácter ofrece un modelo pastoral de liderazgo basado en el ánimo, la generosidad y la defensa.

Pablo domina la segunda mitad de los Hechos. Su historia, que comienza con la oposición a la Iglesia y culmina con una audaz proclamación en Roma, enmarca gran parte del movimiento teológico de la narrativa. Lucas presenta a Pablo como un instrumento escogido por Dios, llamado a dar testimonio de Cristo ante gentiles, reyes e hijos de Israel. El encuentro de Pablo con Cristo resucitado en el camino a Damasco transforma por completo su identidad. Dejando de ser un perseguidor de la Iglesia, se convierte en su más incansable defensor, maestro y sufridor.

Los discursos de Pablo en los Hechos —pronunciados en sinagogas, plazas, tribunales y concilios— demuestran tanto su adaptabilidad como su coherencia teológica. Proclama a Jesús como el cumplimiento de las Escrituras, el Señor resucitado y la esperanza tanto de judíos como de gentiles. Sus milagros reflejan los de Pedro y Jesús, lo que refuerza su autoridad. Sus viajes están llenos de desafíos —naufragios, lapidaciones, encarcelamientos—, pero Pablo se mantiene firme. Su despedida de los ancianos de Éfeso (Hechos 20) y sus discursos en el juicio (Hechos 22-26) revelan a un líder profundamente comprometido con la Iglesia y plenamente entregado a la voluntad de Dios.

Lo que distingue a Pablo de cualquier otro personaje de los Hechos es que es el único personaje del que poseemos documentos extensos que, con certeza, fueron escritos por su propia mano. Si bien 1 Pedro y las cartas atribuidas a Juan han sido objeto de debate durante mucho tiempo en cuanto a su autoría, varias de las cartas de Pablo —como Romanos, 1 y 2 Corintios, Gálatas, Filipenses, 1 Tesalonicenses y Filemón— son ampliamente consideradas por los eruditos como genuinamente paulinas. Estas cartas, indiscutibles, ofrecen una ventana a la propia voz de Pablo, sus procesos de pensamiento y los desafíos prácticos y teológicos de la vida cristiana primitiva. Como tal, brindan una oportunidad excepcional para la comparación histórica: el Pablo de los Hechos puede compararse con el Pablo de las cartas para resaltar puntos de coincidencia, énfasis y divergencia.

En la narrativa de Lucas, Pablo es retratado como un ciudadano romano de Tarso, instruido y con gran capacidad retórica, con acceso a altos funcionarios y el respeto de los líderes de Jerusalén. Se mueve entre el mundo judío y el gentil con notable facilidad, y defiende constantemente la legitimidad del movimiento cristiano ante las autoridades romanas. Lucas enfatiza la unidad de Pablo con Pedro y Santiago, su disposición a participar en los rituales del templo y su uso estratégico de los derechos legales romanos. En contraste, las cartas de Pablo ofrecen un panorama más complejo, y a veces más combativo. En las epístolas, Pablo habla desde un contexto de marginalidad. Se describe a sí mismo como débil, afligido, a menudo empobrecido y dependiente de la hospitalidad ajena. Defiende su apostolado vigorosamente contra las críticas e insiste en que su autoridad no deriva de una comisión humana, sino de una revelación directa de Cristo resucitado.

Además, mientras que los Hechos describe las relaciones de Pablo con otros líderes, en particular los apóstoles de Jerusalén, como armoniosas y cooperativas, las propias cartas de Pablo sugieren un panorama más controvertido. En *Gálatas,* relata una confrontación pública con Pedro en Antioquía por el trato a los creyentes gentiles y expresa preocupación de que su evangelio no se subordinara a aquellos que "parecían ser influyentes." Su tono en estas cartas puede ser agudamente polémico y personalmente vulnerable. El Pablo de Lucas, por otro lado, tiende a ser más compuesto, conciliador y públicamente afirmado. Estos contrastes no invalidan ninguna de las representaciones, pero sí recuerdan a los lectores que los Hechos es una narrativa teológica, no una transcripción neutral. Presenta a Pablo de maneras que refuerzan la unidad, la legitimidad y la guía divina de la expansión de la Iglesia.

Una de las tensiones más llamativas entre las cartas de Pablo y la narrativa de los Hechos surge en torno al tema de la circuncisión. En *Gálatas,* Pablo se opone vehementemente a la circuncisión de los creyentes gentiles, declarando que si la aceptan, "de nada les servirá Cristo." Para Pablo, exigir a los conversos gentiles que se sometan a la circuncisión equivale a socavar la suficiencia de Cristo y a volver a un sistema legal que no puede dar vida. Relata cómo se negó a circuncidar a Tito, un compañero griego, incluso bajo presión, como una cuestión de principio evangélico. La circuncisión se convierte, en *Gálatas,* en un hito que amenaza la libertad de los creyentes y la unidad de la Iglesia.

Sin embargo, en Hechos 16:1–3, se describe a Pablo circuncidando a Timoteo antes de llevarlo a un viaje misionero. Este acto, aparentemente en desacuerdo con la postura en *Gálatas*, puede explicarse en términos narrativos: la madre de Timoteo era judía y su padre era griego, y Pablo quería que Timoteo fuera aceptable para los judíos en las regiones que visitarían. En lugar de un compromiso teológico, este episodio se enmarca como una acomodación estratégica en aras de la misión. Aun así, el contraste entre la carta y la narrativa ha suscitado preguntas entre los académicos sobre si esto refleja un cambio en el pensamiento de Pablo, una diferencia en el contexto o la configuración teológica de los eventos por parte de Lucas para retratar a Pablo como más conciliador y culturalmente sensible que polémico.

Como mínimo, la yuxtaposición de estos episodios invita al lector a apreciar la sensibilidad contextual del ministerio de Pablo, o el énfasis narrativo que este pone en los Hechos. En sus cartas, Pablo lucha por preservar la libertad del evangelio frente a las obligaciones legales; en los Hechos, está dispuesto a tomar medidas culturalmente sensibles para evitar ofensas innecesarias. Que esto se considere sabiduría pastoral, adaptación retórica o una recalibración teológica depende en parte de cómo se evalúen los objetivos y el género de cada texto. En cualquier caso, el tema subraya la complejidad de la identidad cristiana primitiva y la lucha constante de Pablo por mantener unidas la libertad evangélica, el compromiso cultural y la unidad eclesial.

Juntos, Pedro, Esteban, Bernabé y Pablo ofrecen un retrato multifacético del liderazgo en la Iglesia primitiva. Pedro proporciona autoridad apostólica y cuidado pastoral; Esteban ofrece desafío profético y sufrimiento fiel; Bernabé modela el ánimo y la construcción de puentes; Pablo encarna la profundidad teológica y la pasión misionera. Lucas no nos ofrece un único modelo de ministerio, sino una diversidad de testigos inspirados por el Espíritu. Cada personaje refleja un aspecto diferente de lo que significa seguir a Cristo resucitado en un mundo marcado por la resistencia, la transformación y la esperanza.

Como lectores e intérpretes, se nos invita no solo a admirar a estas figuras, sino también a aprender de su fidelidad, sus fracasos y sus llamamientos. La Iglesia en los Hechos crece no gracias a líderes perfectos, sino porque el Espíritu obra a través de siervos dispuestos. Sus historias nos recuerdan que el liderazgo cristiano adopta múltiples formas y que Dios continúa llamando y capacitando a personas comunes para dar un testimonio extraordinario.

## Capítulo 9
## La comunidad de bienes
## en Hechos 2 y 4

Entre los rasgos más llamativos de la vida de la Iglesia primitiva, tal como se describe en los Hechos, se encuentra su práctica económica radical, lo que los eruditos a menudo han llamado la "comunidad de bienes." En los primeros capítulos de los Hechos, Lucas presenta dos veces un retrato de creyentes que compartían sus posesiones, vendían tierras o casas y distribuían las ganancias a quienes las necesitaban (Hechos 2:42-47; 4:32-37). Estas breves descripciones han cautivado la imaginación, y, en ocasiones, provocado el escepticismo, de los lectores durante siglos. ¿Qué debemos interpretar de estos pasajes? ¿Son descripciones idealizadas, modelos prácticos, declaraciones teológicas o las tres cosas a la vez? En este capítulo, exploramos el significado y la importancia de la comunidad de bienes en los Hechos, considerando su fundamento teológico, su función social, su contexto grecorromano y su relevancia continua para la Iglesia actual.

La primera descripción aparece inmediatamente después de Pentecostés, en Hechos 2:42-47, como parte de la descripción que hace Lucas de la comunidad llena del Espíritu en Jerusalén. Los creyentes se dedican a la enseñanza de los apóstoles, la comunión (*koinōnia*), la fracción del pan y las oraciones. Tienen "todas las cosas en común," venden sus posesiones y bienes, y distribuyen las ganancias a quien tenga necesidad. El pasaje concluye con una nota de crecimiento y alegría: "Cada día el Señor añadía al número de ellos los que iban siendo salvados." Esta instantánea de la vida comunitaria se presenta no como un requisito legal, sino como una expresión espontánea de unidad y generosidad impulsada por el Espíritu.

Una segunda descripción, más detallada, aparece en Hechos 4:32-37. Allí, Lucas nos dice que "nadie se apropiaba de sus bienes, sino que todo lo que poseían era común." Esto no es un mandato de pobreza, sino un acto voluntario de solidaridad: "No había entre ellos ningún necesitado." Quienes tenían tierras o casas las vendían y llevaban el dinero a los apóstoles, quienes lo distribuían según las necesidades de cada uno. Lucas destaca a Bernabé como un ejemplo positivo, destacando su generosidad e integridad. Esta práctica recuerda a Deuteronomio 15:4, donde Moisés declara que "no debe haber pobres entre ustedes" en la tierra. La descripción de Lucas se basa en esta esperanza bíblica y presenta a la Iglesia primitiva como la comunidad fiel en la que esa visión comienza a hacerse realidad.

Estos pasajes funcionan teológicamente como señales de la irrupción del reino de Dios. La vida económica de los primeros creyentes no es un mero acuerdo social, sino una manifestación del poder del Espíritu. En contraste con el acaparamiento, la competencia por estatus y los sistemas clientelares que estructuraban la sociedad romana, la Iglesia encarna un orden alternativo marcado por la vida compartida y el cuidado mutuo. La comunidad de bienes en los Hechos es un anticipo de la justicia escatológica: donde se satisfacen las necesidades, se restauran las relaciones y las posesiones se subordinan al bienestar de todos. Esta práctica económica se deriva directamente del acontecimiento de Pentecostés: a medida que el Espíritu crea un nuevo pueblo, este reorienta su vida en torno a la generosidad, la confianza y la justicia.

Cabe destacar, sin embargo, que la idea de poseer propiedades en común no era exclusiva de los primeros cristianos. La literatura filosófica y utópica grecorromana contiene varios paralelismos notables. Platón, en su *República*, imaginó una sociedad ideal en la que la clase guardiana poseería propiedades e incluso familias en común, subordinando el interés personal al bien común. Escuelas filosóficas posteriores, como los cínicos y algunos estoicos, promovieron ideales de simplicidad, desapego de la riqueza y ética comunitaria. El filósofo Musonio Rufo, por ejemplo, alentó el compartir bienes entre amigos como expresión de virtud. Además, ciertas asociaciones voluntarias y comunidades religiosas, como los cultos mistéricos o las sociedades funerarias, a veces juntaban recursos para brindar ayuda mutua a sus miembros.

Entre las escuelas filosóficas grecorromanas, los estoicos ofrecieron una de las críticas más sostenidas e influyentes a la propiedad privada y la división social. Con raíces en las enseñanzas de Zenón de Citio, los estoicos enfatizaban la unidad de la humanidad bajo la razón (*logos*) y la ley natural, que, según ellos, gobernaba el cosmos. Según esta cosmovisión, la persona sabia reconocía la futilidad del apego excesivo a la riqueza, el estatus o las posesiones. La ética estoica exigía simplicidad, autosuficiencia y una obligación moral compartida con la comunidad humana en general.

Aunque los estoicos no defendían un colectivismo económico literal, a menudo cuestionaban la legitimidad moral de la acumulación de riqueza. Séneca, un estoico romano y contemporáneo de la Iglesia primitiva, escribió que "la naturaleza nos dio el concepto de compartir los bienes" y criticó la avaricia como raíz del desorden social. El cosmopolitismo estoico —la idea de que todas las personas son ciudadanos de una única comunidad mundial— sentó las bases filosóficas para concebir un orden social basado no en la jerarquía y el privilegio, sino en la justicia y el respeto mutuo. Para los estoicos, el sabio ideal vivía en armonía con la naturaleza y consideraba a todos los seres humanos como iguales, independientemente de su clase, etnia o nacionalidad.

Existen, por lo tanto, importantes resonancias entre los ideales estoicos y las prácticas económicas descritas en los Hechos. Ambos conciben una forma de economía moral en la que el bienestar ajeno prima sobre el enriquecimiento personal. Ambos critican la fragmentación social causada por el materialismo y visualizan la posibilidad de una comunidad humana más equitativa y armoniosa. El énfasis estoico en la simplicidad, la irrelevancia de la riqueza material para la verdadera virtud y la unidad natural de todas las personas encuentra una especie de analogía ética en la negativa de la comunidad cristiana primitiva a reclamar la propiedad privada y su práctica de compartir según las necesidades de cada uno.

Sin embargo, persisten diferencias significativas. Para los estoicos, el ideal de la vida en común se fundamentaba en la razón y la ley natural; para Lucas, la transformación de las relaciones económicas emana del Espíritu Santo y de Cristo resucitado. La comunidad cristiana no practica la ayuda mutua por desapego filosófico o disciplina personal, sino como signo visible de la gracia divina que obra en un pueblo redimido. Además, el ideal estoico era a menudo individual y aspiracional —centrado en el cultivo personal de la virtud—, mientras que la comunidad de los Hechos encarna una práctica colectiva, llena del Espíritu, que se lleva a cabo en un cuerpo social real. En resumen, donde el estoicismo ofrece una visión ética fundamentada en la naturaleza racional, los Hechos ofrecen una visión teológica basada en la renovación escatológica.

Aun así, la descripción que Lucas hace de la Iglesia primitiva probablemente habría resonado entre los lectores gentiles cultos familiarizados con el discurso estoico. El compromiso con la solidaridad económica, la indiferencia hacia el rango social y el amor práctico al prójimo habrían hecho eco de muchos temas estoicos, a la vez que los reconfiguraban dentro de una nueva narrativa de resurrección, Espíritu y reino. El resultado es una comunidad que refleja y trasciende los ideales morales grecorromanos, una comunidad que satisface las aspiraciones filosóficas no solo mediante la razón, sino mediante la transformación divina.

Sin embargo, Lucas no es ingenuo respecto a los desafíos de tal comunidad. Hechos 5 sigue inmediatamente al retrato idealizado de Hechos 4 con la aleccionadora historia de Ananías y Safira, quienes venden propiedades, pero secretamente retienen parte de las ganancias mientras afirman entregar la totalidad. Su engaño los lleva a la muerte, un momento sorprendente y controvertido en la narrativa. La intención de Lucas aquí no es retratar a un Dios vengativo, sino subrayar la seriedad de la integridad comunitaria. El problema no es que guardaran algo de dinero, sino que mintieron al respecto. La comunidad llena del Espíritu se basa en la confianza, y la deshonestidad amenaza sus cimientos. En este sentido, la narrativa no idealiza el compartir económico como algo fácil o automático; es un compromiso vulnerable y exigente.

La historia de Ananías y Safira también evoca un importante precedente del Antiguo Testamento: la historia de Acán en Josué 7. Así como Ananías retiene en secreto parte de las ganancias de la venta, presentándolas como si fueran la totalidad, Acán oculta algunos de los bienes consagrados de Jericó, desafiando el mandato divino. En ambos casos, el engaño dentro de la comunidad desencadena el juicio divino en un momento crucial en la formación de Israel o de la Iglesia. Estos paralelismos sugieren que Lucas ve a la Iglesia como el pueblo renovado de Dios, llamado a la santidad, la transparencia y la fidelidad compartida. La severidad de la respuesta refleja la importancia de la vocación de la Iglesia como una comunidad impulsada por el Espíritu que da testimonio del reino de Dios.

Los académicos han debatido durante mucho tiempo la extensión o sostenibilidad de esta práctica en la Iglesia primitiva. Algunos sugieren que se limitaba a la comunidad de Jerusalén y que finalmente se desvaneció a medida que la Iglesia crecía en número y expansión geográfica. Otros argumentan que Lucas la presenta como un ideal teológico más que como una estructura permanente. Otros señalan que las cartas de Pablo y otros textos del Nuevo Testamento reflejan la preocupación constante por la pobreza y la generosidad, pero sin exigir un colectivismo económico completo. Lo que queda claro, sin embargo, es que Lucas considera la solidaridad económica como una dimensión esencial del discipulado cristiano y la identidad eclesial. Recibir el Espíritu no es solo hablar en lenguas o proclamar el evangelio, sino vivir en una solidaridad tangible entre nosotros.

La comunidad de bienes también funciona como una crítica a las normas imperiales y económicas del mundo romano. En una sociedad basada en el clientelismo, la desigualdad y la búsqueda de estatus, la vida en común de la Iglesia ofrece una alternativa radical. Quienes poseen recursos ceden el control por el bien de todos. Los pobres no dependen de las dádivas de los ricos, sino que participan plenamente en una familia común de fe. En contraste con la narrativa imperial del poder a través de la riqueza, los Hechos ofrecen una visión del poder del Espíritu revelado a través del pan compartido y las manos generosas.

Para la Iglesia contemporánea, estos pasajes plantean preguntas persistentes. ¿Cómo practican las comunidades cristianas la justicia económica hoy en día? ¿Qué significa tener posesiones que no son propias en culturas que valoran la propiedad y la acumulación individual? ¿Cómo podría el Espíritu guiarnos hacia formas de compartir que desafíen la desigualdad económica y reflejen el amor de Cristo? Si bien pocas comunidades cristianas practican hoy una comunidad literal de bienes, muchas encuentran en estos textos un llamado a la generosidad radical, la ayuda mutua y la resistencia deliberada al consumismo.

Hechos 2 y 4 no ofrecen un modelo para la organización económica, pero sí presentan una visión convincente de cómo puede ser una vida llena del Espíritu cuando el amor supera la escasez y las necesidades de los vulnerables se consideran responsabilidad de toda la comunidad. De esta manera, los primeros creyentes no se limitan a contar la historia de Jesús, sino que la encarnan. Toman en serio el llamado a amar al prójimo como a sí mismos y a no considerar nada como propio cuando un hermano o hermana pasa necesidad.

La comunidad de bienes en los Hechos de los Apóstoles desafía a cada generación de la Iglesia a imaginar nuevas formas de fidelidad en la vida económica. Ya sea a través de comidas compartidas, apoyo financiero, vivienda comunitaria o defensa sistémica, el testimonio de los Hechos nos recuerda que la vida en comunidad de la Iglesia no es solo una cuestión de fe o culto, sino de recursos, relaciones y justicia. El Espíritu continúa llamando y capacitando a la Iglesia para encarnar el reino de Dios no solo en la palabra, sino también compartiendo el pan de cada día.

## Capítulo 10
## *Las seis efusiones del Espíritu Santo en los Hechos*

El libro de los Hechos narra cómo Jesús resucitado continúa su obra mediante la efusión del Espíritu Santo. Desde el principio, los Hechos presenta al Espíritu no solo como una fuerza divina o fuente de poder, sino como el principal agente de misión y unidad, expandiendo los límites de la Iglesia de maneras tanto esperadas como sorprendentes. Una de las maneras más claras en que Lucas comunica esta expansión es mediante una serie de seis efusiones distintas del Espíritu Santo, cada una asociada a un grupo clave de personas. A medida que avanza la narración, el Espíritu desciende sobre judíos, samaritanos, gentiles e incluso discípulos de Juan el Bautista, señalando la naturaleza inclusiva y transgresora del nuevo pueblo de Dios.

En este capítulo, exploramos estos seis derramamientos en su orden canónico, identificando a los destinatarios del Espíritu en cada episodio y reflexionando sobre lo que esta estructura literaria y teológica revela sobre la misión de la Iglesia y la naturaleza de la obra del Espíritu.

El primer y fundacional derramamiento del Espíritu tiene lugar en Jerusalén el día de Pentecostés, donde un grupo de unos 120 de los primeros discípulos judíos de Jesús se reúne en un solo lugar. Mientras esperan en oración, el Espíritu llega con el sonido de un viento impetuoso y lenguas de fuego, y comienzan a hablar en otros idiomas. Este es el momento que Jesús había prometido en Hechos 1:8: la llegada del Espíritu que les daría poder para ser testigos. Es también un momento de cumplimiento: Pedro interpreta el acontecimiento a través del profeta Joel, declarando que el Espíritu ha sido derramado sobre "toda carne."

Este derramamiento inaugural señala el nacimiento de la Iglesia, pero también ancla la historia de los Hechos en la continuidad de la historia de Israel. Los discípulos son judíos fieles, y la llegada del Espíritu entre ellos no rompe con su herencia, sino que la completa. El habla multilingüe simboliza la misión global de la Iglesia, y la transformación comunitaria que le sigue marca la pauta de todo lo que viene después. Es importante destacar que este derramamiento es público, dramático y está acompañado de predicación, arrepentimiento, bautismo y crecimiento.

Poco después de Pentecostés, el Espíritu se derramó de nuevo; esta vez no como un evento inaugural, sino como una renovación de valentía y unidad para una creciente comunidad de creyentes judíos. Tras el arresto y la liberación de Pedro y Juan, los creyentes se reunieron para orar. El lugar donde se encontraban se estremeció, y todos fueron "llenos del Espíritu Santo y predicaron la palabra de Dios con valentía" (Hechos 4:31).

Este segundo derramamiento entre los creyentes judíos demuestra que la obra del Espíritu es continua, no una experiencia única. Surge en respuesta a la oposición, lo que subraya el papel del Espíritu en el sostenimiento y el fortalecimiento de la Iglesia bajo presión. Este evento también sigue de cerca la primera descripción de la repartición económica entre los creyentes, enfatizando que el Espíritu no solo fortalece la palabra, sino que también transforma las relaciones sociales. En conjunto, Hechos 2 y 4 retratan una comunidad judía profundamente arraigada en las Escrituras y radicalmente receptiva a la obra del Espíritu.

El tercer derramamiento marca un momento crucial: el Espíritu se derrama sobre los samaritanos, un grupo étnico y religiosamente emparentado con los judíos, pero distanciado de ellos desde hace mucho tiempo. Felipe predica en Samaria, y muchas personas son bautizadas. Pero el Espíritu no desciende hasta que Pedro y Juan llegan y les imponen las manos. Cuando el Espíritu desciende, confirma que los samaritanos son miembros plenos de la Iglesia, no creyentes de segunda clase.

La recepción tardía del Espíritu ha desconcertado a los intérpretes, pero Lucas parece enfatizar la unidad a través de la división. Al involucrar a los apóstoles en este momento, Lucas asegura que la Iglesia de Jerusalén reconozca y afirme la obra del Espíritu en Samaria. Este derramamiento también evoca el evento de Pentecostés, reforzando que el mismo Espíritu que vino a Jerusalén ahora se manifiesta. La inclusión de los samaritanos testifica que el Espíritu está derribando las antiguas barreras de hostilidad religiosa.

En Hechos 9, el Espíritu no llega a un grupo, sino a un individuo: Saulo de Tarso, quien se convertiría en Pablo, apóstol de los gentiles. Tras quedar ciego en el camino a Damasco, Saulo recibe la visita de Ananías, quien le impone las manos para que recupere la vista y sea lleno del Espíritu Santo. Aunque el derramamiento aquí no es tan dramático ni colectivo como en escenas anteriores, es crucial: la venida del Espíritu marca el inicio de la transformación de Pablo de perseguidor a predicador.

Este evento es especialmente importante porque Pablo se convertirá en el principal testigo ante el mundo gentil. El Espíritu que llena a Pablo es el mismo Espíritu que empoderó a Pedro y a los apóstoles. La comisión de Pablo se basa en el encuentro personal, la sanación física y el empoderamiento espiritual. De esta manera, el derramamiento del Espíritu sobre Pablo es a la vez preparatorio y paradigmático: lo prepara para la misión y señala que nadie, ni siquiera un antiguo enemigo de la Iglesia, está fuera del alcance de la gracia de Dios.

En lo que a menudo se denomina el "Pentecostés gentil," el Espíritu desciende sobre Cornelio y su familia mientras Pedro predica en Cesárea. Este grupo incluye gentiles incircuncisos que no se habían convertido al judaísmo. Mientras Pedro proclama el evangelio, "el Espíritu Santo descendió sobre todos los que oían la palabra"

(10:44), y los creyentes judíos que lo acompañaban quedaron asombrados. Los gentiles comienzan a hablar en lenguas y a alabar a Dios: claras señales de que han recibido el mismo Espíritu.

Este momento es revolucionario. Pedro declara que ahora ve que "Dios no hace acepción de personas" (10:34) y ordena que los nuevos creyentes sean bautizados. Este derramamiento no solo confirma la inclusión de los gentiles, sino que también redefine la teología de Pedro. El Espíritu desciende sin ningún ritual previo, observancia de la ley ni mediación apostólica. Es solo iniciativa de Dios. El episodio subraya que los límites de la Iglesia no se definen por la etnia ni la tradición religiosa, sino por la presencia del Espíritu.

El derramamiento final ocurre en Éfeso, donde Pablo se encuentra con un grupo que se identifica como discípulos, pero que solo han recibido el bautismo de Juan. Pablo explica la diferencia entre el bautismo de Juan y el bautismo en Cristo. Tras ser bautizados en el nombre de Jesús, el Espíritu desciende sobre ellos cuando Pablo les impone las manos, y hablan en lenguas y profetizan.

Este grupo representa la última categoría de personas que queda en la narrativa de Lucas: aquellos que son devotos religiosos pero que aún no han recibido la plenitud de la iniciación cristiana. La venida del Espíritu aquí funciona como una especie de culminación narrativa. El evangelio y el Espíritu han pasado de Jerusalén a Judea y Samaria, a los gentiles, y ahora a los últimos que aún siguen vinculados a la historia del antiguo pacto. La inclusión de los discípulos de Éfeso afirma que incluso los piadosos y bien intencionados deben ser incorporados al cuerpo de Cristo, lleno del Espíritu.

En conjunto, estos seis derramamientos conforman un mapa teológico de la expansión de la Iglesia. Lucas traza un círculo cada vez más amplio de receptores del Espíritu: primero los discípulos judíos, luego más judíos, luego los samaritanos, luego el apóstol de los gentiles, luego los gentiles mismos y, finalmente, los seguidores de Juan el Bautista. Esta secuencia no solo cumple la promesa de Jesús en Hechos 1:8 ("seréis mis testigos en Jerusalén, Judea y Samaria, y hasta los confines de la tierra"), sino que también refleja el crecimiento de la Iglesia en diversidad, audacia y unidad.

Cada derramamiento es distinto: algunos implican la imposición de manos, otros ocurren espontáneamente; algunos siguen al bautismo, otros lo preceden, pero todos comparten un resultado común: la innegable presencia del Espíritu, evidenciada a través de la palabra, la alegría, la transformación o el testimonio audaz. Lucas no ofrece una fórmula rígida sobre cómo debe venir el Espíritu; en cambio, lo describe como soberano, sorprendente e incontenible.

Estos eventos también hablan profundamente de la identidad de la Iglesia. El Espíritu no es simplemente una experiencia personal o un momento emotivo; el Espíritu es la marca de pertenencia al pueblo de Dios. La presencia del Espíritu redefine quién está en la alianza, quién tiene autoridad y quién pertenece.

Afirma que la Iglesia no se define por la etnia, la geografía ni la afiliación religiosa previa, sino por la participación en la nueva creación inaugurada por Cristo y fortalecida por el Espíritu.

Para la Iglesia de hoy, las efusiones de los Hechos sirven como recordatorio de que el Espíritu aún llama, empodera, incluye y envía. El Espíritu aún cae sobre los inesperados, los marginados y los forasteros. La Iglesia es más sana cuando busca la dirección del Espíritu, discierne su obrar y se niega a limitar su alcance. Leer los Hechos correctamente es recordar que Dios siempre hace más de lo que esperamos, y que la Iglesia existe solo porque el Espíritu continúa derramándose sobre *toda carne*.

## Capítulo 11
## Pentecostés y su papel en la historia y la liturgia

El derramamiento del Espíritu Santo en Pentecostés, descrito en Hechos 2, no solo es un momento fundamental en la narrativa de los Hechos, sino también un acontecimiento central en la vida de la Iglesia. Desde los primeros siglos de la historia cristiana, Pentecostés ha sido símbolo del nacimiento de la Iglesia, el cumplimiento de la profecía y la presencia constante del Espíritu en el pueblo de Dios. Este evento ha inspirado la liturgia, la predicación, el arte y la teología en diversas tradiciones, y continúa moldeando la comprensión que los cristianos tienen de su identidad y misión en el mundo.

Este capítulo rastrea el desarrollo de Pentecostés en la historia de la Iglesia, explora su observancia litúrgica y reflexiona sobre su significado teológico para la vida actual de la Iglesia.

**Pentecostés en la Iglesia primitiva**

En la tradición judía, Pentecostés, conocido como *Shavuot*, era la Fiesta de las Semanas, celebrada cincuenta días después de la Pascua judía. Era a la vez una fiesta agrícola y una conmemoración de la entrega de la Torá en el Monte Sinaí. La decisión de Lucas de situar el derramamiento del Espíritu en esta festividad conecta la historia cristiana con la historia de la alianza de Israel y permite que Pentecostés funcione como un paralelo teológico con el Sinaí: así como la ley se dio para formar a Israel como pueblo, el Espíritu se da para formar la Iglesia.

Los primeros escritores cristianos reconocieron rápidamente la importancia de este acontecimiento. La *Didajé*, Tertuliano, Orígenes y otros afirmaron que el testimonio, la misión y la unidad de la Iglesia comenzaron con la venida del Espíritu en Pentecostés. Algunos teólogos primitivos, como Ireneo, vincularon Pentecostés con la inversión de Babel: donde Dios antaño había dispersado a las naciones mediante lenguas confusas, ahora el Espíritu las reúne mediante un mensaje unificado. Otros enfatizaron el alcance universal de la salvación, visible en la llegada del Espíritu a "toda carne."

En los calendarios litúrgicos de la Iglesia primitiva, Pentecostés se erigió como una de las fiestas principales, junto con la Pascua y la Epifanía. Para el siglo IV, Pentecostés se celebraba ampliamente en todo el mundo cristiano, típicamente el quincuagésimo día después de la Pascua, marcando el final del tiempo pascual. Si bien existían variaciones regionales, la fiesta solía estar relacionada con el bautismo, la imposición de manos y las oraciones para la renovación del Espíritu.

## Pentecostés en el cristianismo medieval y de la Reforma

En el Occidente medieval, Pentecostés estaba plenamente integrado en el ciclo litúrgico, con una vigilia, lecturas especiales, oraciones y cantos. En las regiones angloparlantes, este día se denominaba a veces Whitsunday (de "Domingo Blanco"), en referencia a las vestiduras blancas que vestían los bautizados durante la Pascua y Pentecostés. Los símbolos litúrgicos, como el color rojo (que simboliza el fuego), la imagen de la paloma y las lecturas de Hechos 2 y Juan 14-16, contribuían a reforzar los temas del Espíritu, la misión y la unidad.

La teología medieval también se inspiró en Pentecostés para reflexionar sobre la naturaleza de la Iglesia como comunidad formada y guiada por el Espíritu. Teólogos como Tomás de Aquino conectaron el don del Espíritu con el empoderamiento de las virtudes y la vida de gracia. Pentecostés no fue solo un acontecimiento pasado, sino una realidad continua que moldeó los sacramentos, la jerarquía y la vida espiritual de los creyentes.

Durante la Reforma, Pentecostés conservó un lugar destacado en las tradiciones litúrgicas protestantes, aunque su interpretación a menudo cambió. Reformadores como Martín Lutero y Juan Calvino enfatizaron el papel del Espíritu en la iluminación de las Escrituras, la guía de la Iglesia y la aplicación de los beneficios de la expiación de Cristo. Pentecostés, en este contexto, se convirtió en una señal de la obra continua del Espíritu en la proclamación de la Palabra y la renovación de la Iglesia, al margen de la jerarquía eclesiástica o la mediación sacramental. La conexión del evento con la misión y la predicación coincidía estrechamente con el énfasis de los reformadores en las Escrituras y la evangelización.

## Pentecostés en el cristianismo global y carismático

En la época moderna, especialmente en los movimientos pentecostal y carismático, Hechos 2 ha cobrado una renovada relevancia. El Avivamiento de la calle Azusa (1906), a menudo citado como el inicio del pentecostalismo moderno, se caracterizó por la oración ferviente, el hablar en lenguas y testimonios de empoderamiento espiritual; experiencias interpretadas como un Pentecostés contemporáneo. Para los cristianos pentecostales y carismáticos, los acontecimientos de los Hechos no son meramente históricos; son accesibles, repetibles y deseables para los creyentes de hoy.

Este énfasis ha generado una mayor conciencia de las dimensiones experienciales y empoderadoras de Pentecostés. El Espíritu es visto como el que posibilita la profecía, la sanación, la adoración y la misión intercultural. Muchas iglesias pentecostales celebran el Domingo de Pentecostés con gran entusiasmo, destacando a menudo testimonios de transformación y oraciones por un nuevo derramamiento del Espíritu. En estas comunidades, Hechos 2 sigue siendo un texto vivo que moldea la identidad, la teología y la práctica eclesial.

Al mismo tiempo, el cristianismo global ha adoptado Pentecostés como una celebración de diversidad y unidad. Iglesias de África, Latinoamérica, Asia y comunidades indígenas se han inspirado en la imagen de Hechos 2 para afirmar que el evangelio no está ligado a ninguna cultura. Pentecostés se convierte en una declaración teológica de que el Espíritu habla a través de muchas lenguas, muchas culturas y muchas voces, todas unidas en la confesión de Jesús como Señor.

**Significado teológico y litúrgico**

Pentecostés funciona teológicamente como culminación e inauguración. Es la culminación del tiempo de resurrección: Cristo resucitado asciende y envía el Espíritu, cumpliendo sus promesas a los discípulos. Es también la inauguración del testimonio público de la Iglesia: el Espíritu crea un pueblo que proclama, se reúne, bautiza y vive en un cuidado mutuo. Teológicamente, Pentecostés revela la forma trinitaria de la salvación: el Padre envía al Hijo, el Hijo envía al Espíritu y el Espíritu envía a la Iglesia.

Litúrgicamente, Pentecostés invita a la Iglesia a la renovación y al recuerdo. Las oraciones y lecturas llaman a los cristianos a recordar no solo lo sucedido en Jerusalén, sino también lo que sigue sucediendo dondequiera que el Espíritu actúe. Los leccionarios tradicionales suelen combinar Hechos 2 con pasajes de Joel, Romanos 8 y el discurso de despedida de Juan, recordando a la Iglesia que el Espíritu consuela, convence, fortalece e intercede.

Para algunas tradiciones, el Domingo de Pentecostés también marca el momento de la confirmación, la ordenación o la comisión misionera, vinculando la efusión del Espíritu con el llamado a servir. Himnos como "Ven, Espíritu Santo, inspira nuestras almas" y "Espíritu del Dios viviente" siguen moldeando la forma en que las congregaciones oran y cantan pidiendo la presencia del Espíritu hoy.

**Pentecostés como invitación continua**

La historia de Pentecostés no ha terminado. Aunque Hechos 2 es un momento memorable en las Escrituras, su significado y poder resuenan en cada generación de la Iglesia. Desafía a los cristianos a vivir no en la nostalgia, sino en la expectativa: el Espíritu que vino es el Espíritu que regresa para renovar, empoderar y enviar.

En un mundo fragmentado y temeroso, Pentecostés proclama que el Espíritu aún une y habla. En una Iglesia dividida, ofrece la esperanza de reconciliación mediante la palabra, el culto y la misión compartidos. Y en un mundo de múltiples idiomas y naciones, afirma que la buena nueva de Jesús es para todos, en todas las lenguas.

Pentecostés, entonces, es más que un día en el calendario litúrgico. Es una realidad teológica y una llamada espiritual: un llamado a ser la Iglesia: llena del Espíritu, arraigada en el Evangelio y enviada al mundo por amor al nombre de Cristo.

## Capítulo 12
## Pedro y Pablo en los Hechos
## Una comparación narrativa

Los Hechos de los Apóstoles presentan muchos personajes significativos, pero ninguno recibe tanta atención sostenida como Pedro y Pablo. Estas dos figuras anclan la narrativa: Pedro domina la primera mitad (Hechos 1-12), mientras que Pablo cobra protagonismo en la segunda (Hechos 13-28). Aunque sus ministerios se presentan en diferentes contextos y a distintos públicos, los paralelismos entre ellos son sorprendentes. Mediante un diseño literario y una intención teológica, Lucas retrata a Pedro y Pablo como líderes empoderados por el Espíritu, que proclaman a Cristo, obran milagros, y llevan adelante la misión de Jesús en el mundo.

Sin embargo, una lectura más atenta revela una sutil tensión narrativa. Mientras que Pablo se convierte en la figura más visible en la segunda mitad de los Hechos, Lucas rara vez se refiere a él directamente como "apóstol" (*apostolos*), un título usado libremente y frecuentemente para Pedro y los Doce. Esta elección narrativa contrasta con la propia autocomprensión de Pablo, como se expresa en sus cartas, donde insiste repetida y enérgicamente en su llamado apostólico. En Gálatas 1:1, Pablo afirma que él es un apóstol "no de parte de hombres ni por medio de hombre alguno, sino por medio de Jesucristo y Dios el

Padre." En 1 Corintios 15:8-9, se describe a sí mismo como "el más pequeño de los apóstoles" y "uno nacido a tiempo." Estas afirmaciones reflejan tanto humildad como una profunda convicción de que su vocación apostólica proviene directamente de Cristo resucitado. Lucas, sin embargo, parece ser más cauto al otorgar el título. En los Hechos, solo se hace referencia explícita a Pablo como apóstol dos veces: una en Hechos 14:4 y otra en Hechos 14:14, ambas en el contexto de su ministerio compartido con Bernabé. En contraste, a Pedro y a los demás miembros de los Doce se les llama apóstoles de forma constante y destacada a lo largo del libro, comenzando en Hechos 1:2 y apareciendo en numerosos pasajes, como Hechos 1:26; 2:37, 42-43; 4:33; 5:12 y 8:1. Este patrón narrativo podría reflejar el deseo de Lucas de preservar la singularidad de los Doce como testigos fundamentales del ministerio terrenal y la resurrección de Jesús, aun reconociendo la misión, impulsada por el Espíritu, de otros como Pablo.

Pedro ocupa el centro de atención en Hechos 1-12. Lidera la Iglesia en Jerusalén, pronuncia el primer discurso importante en Pentecostés, sana a los enfermos, enfrenta la oposición de las autoridades religiosas y, lo más significativo, recibe la visión divina que lo prepara para bautizar al centurión gentil Cornelio. Su ministerio, aunque se centra principalmente en judíos y samaritanos, culmina en este avance teológico que confirma que el evangelio no se limita a la etnia ni a la observancia de la Torá. Tras este momento crucial, Pedro desaparece gradualmente de la narrativa, aunque reaparece breve y decisivamente en el Concilio de Jerusalén en Hechos 15.

Pablo es presentado inicialmente como Saulo, un ferviente perseguidor de la Iglesia. Su dramático encuentro con Cristo resucitado en el camino a Damasco inicia una profunda transformación. A partir de este momento, Pablo se convierte en el protagonista humano central de la segunda mitad de los Hechos. Su ministerio lo lleva a través del Mediterráneo oriental, desde Antioquía hasta Atenas y, finalmente, a Roma. En el camino, predica en sinagogas y foros públicos, soporta encarcelamientos y palizas, interactúa con filósofos y gobernantes, y funda nuevas comunidades de creyentes. Aunque Lucas no se refiere constantemente a Pablo como apóstol, construye su carácter de una manera que refleja y afirma la autoridad apostólica. Pablo es retratado como un proclamador legítimo del evangelio, lleno del Espíritu, cuyo ministerio posee el mismo poder divino y coherencia teológica que el de Pedro.

Lucas refuerza esta coherencia mediante una serie de paralelismos narrativos entre Pedro y Pablo. Ambos personajes realizan curaciones milagrosas: Pedro sana a un hombre cojo de nacimiento en la puerta del templo en Hechos 3; Pablo hace lo mismo en Listra en Hechos 14. Ambos confrontan y expulsan espíritus malignos: Pedro en Hechos 5 y Pablo en Hechos 16. Ambos resucitan a personas de entre los muertos: Pedro resucita a Tabita en Hechos 9, mientras que Pablo resucita a Eutico en Hechos 20. Ambos sufren prisión y son liberados milagrosamente: Pedro por un ángel en

Hechos 12; Pablo y Silas a través de un terremoto en Hechos 16. Cada uno pronuncia juicio divino sobre el engaño o la oposición: Pedro sobre Ananías y Safira, Pablo sobre Elimas el mago. Estos paralelismos literarios sirven no solo para ilustrar las maravillas realizadas por cada personaje, sino para afirmar que Pablo, al igual que Pedro, es un fiel conducto del poder y el propósito de Dios.

Un patrón similar de continuidad y distinción emerge en sus discursos públicos. Los discursos de Pedro —pronunciados en Hechos 2, 3, 4 y 10— se centran en Jesús como el cumplimiento de las Escrituras de Israel, la importancia de su resurrección, la necesidad del arrepentimiento y la sorprendente inclusión de los gentiles. Sus sermones se basan en la Biblia hebrea y están dirigidos al público judío. Los discursos de Pablo —que se encuentran en Hechos 13 (Antioquía de Pisidia), 17 (Atenas), 20 (Mileto) y 26 (ante Agripa)— reflejan una gama más amplia de estrategias retóricas y teológicas. Pablo se dirige a los feligreses de la sinagoga, a filósofos paganos y a funcionarios romanos. Su discurso en el Areópago en Hechos 17, por ejemplo, apela a la teología natural y a la poesía griega, presentando el evangelio en términos comprensibles para su público. Al mismo tiempo, afirma las principales afirmaciones cristianas sobre la resurrección y el juicio. A pesar de sus diferentes contextos, Pedro y Pablo proclaman el mismo mensaje: Jesús, crucificado y resucitado, es Señor y Salvador de todos los seres humanos.

La relación de cada figura con la Iglesia de Jerusalén también tiene peso teológico. Pedro, como líder de los Doce, es central para la identidad de la Iglesia en Jerusalén. A menudo se le muestra recibiendo visiones divinas y guiando a la Iglesia en decisiones difíciles. Sus acciones en la casa de Cornelio y su discurso en el Concilio de Jerusalén afirman su apertura a la obra disruptiva del Espíritu al extender la salvación más allá de las fronteras judías. La relación de Pablo con Jerusalén es más compleja. Inicialmente es recibido con recelo y luego visto con ambivalencia por algunos segmentos de la Iglesia. Sin embargo, Lucas se cuida de retratar a Pablo como respetuoso con los apóstoles, dispuesto a consultar con los líderes de Jerusalén y alineado con sus decisiones. Su participación en el Concilio de Jerusalén y en los rituales de purificación en Hechos 21 reflejan el objetivo narrativo de Lucas de mostrar la unidad entre Pablo y la Iglesia madre, incluso si las cartas de Pablo sugieren una historia más controvertida.

A pesar de sus similitudes, Pedro y Pablo siguen siendo figuras distintas. Pedro representa un ministerio arraigado en Jerusalén, moldeado por antiguas tradiciones religiosas y dirigido inicialmente al público judío. Pablo, en cambio, es un misionero translocal e intercultural, cuya formación como ciudadano romano y fariseo le permite desenvolverse en diversos entornos. Pedro está asociado con los Doce y la memoria histórica de Jesús; Pablo, aunque ausente del ministerio terrenal de Jesús, insiste en que su vocación apostólica es igualmente válida en virtud de su encuentro con Cristo resucitado. Los Hechos respetan esta distinción al tiempo que afirman una continuidad más profunda: ambos son instrumentos del mismo Espíritu, proclamadores del mismo evangelio y participantes en la misión de Dios en desarrollo.

La reticencia de los Hechos a referirse sistemáticamente a Pablo como apóstol no debe interpretarse como un rechazo a su autoridad. Más bien, refleja el enfoque narrativo de Lucas, que afirma la legitimidad apostólica mediante la actividad divina, en lugar de afirmaciones de título. La autoridad en los Hechos se demuestra mediante la proclamación, la sanación, el sufrimiento y la misión guiada por el Espíritu. El apostolado de Pablo, aunque poco enfatizado en su nombre, es inconfundible en su función. Su propia insistencia en ser apóstol "no de hombres ni por medio de hombres" nos recuerda que el llamado de Dios a menudo excede las estructuras humanas de reconocimiento. Lucas afirma este llamado no mediante la repetición de un título, sino mediante la representación de Pablo como un instrumento de la gracia y la verdad divinas.

Pedro y Pablo, entonces, sirven como modelos complementarios de misión apostólica. Pedro encarna la continuidad con la historia de Israel y el testimonio fundacional de la resurrección. Pablo representa el futuro de la Iglesia: su expansión, su traducción cultural y su articulación teológica. Juntos, ilustran la amplitud del llamado de la Iglesia y la profundidad de su unidad en Cristo. Sus ministerios, aunque diferentes en contexto y forma, están unidos por el Espíritu y comisionados por el mismo Señor.

## Apéndice
## ¿Fue Pedro el primer papa?
## Liderazgo apostólico y Hechos 15

En la larga historia de la interpretación cristiana, especialmente en la teología católica romana, la figura de Pedro se ha identificado a menudo como el primer papa: la cabeza terrenal de la Iglesia y el obispo fundador de Roma. Esta perspectiva se arraiga en la declaración de Jesús en Mateo 16:18, donde se le dice a Pedro: "Tú eres Pedro, y sobre esta roca edificaré mi iglesia." Dentro de esta tradición, el liderazgo de Pedro en los Hechos, y especialmente su papel en el Concilio de Jerusalén en Hechos 15, se considera una evidencia temprana de su primacía entre los apóstoles y de su singular autoridad pastoral sobre la Iglesia universal.

No cabe duda de que los Hechos presenta a Pedro como una figura destacada en la Iglesia primitiva. Habla con autoridad en Pentecostés, confronta a los líderes religiosos con valentía, abre la puerta a los gentiles en el episodio de Cornelio y articula un argumento teológico crucial en el Concilio de Jerusalén. En el Concilio, Pedro es el primero en hablar y declara que Dios no hace distinción entre judíos y gentiles, otorgando el Espíritu Santo a ambos. Su declaración es recibida en silencio, seguida por el testimonio de Pablo y Bernabé, y finalmente por Santiago, quien pronuncia el juicio pastoral final y la interpretación bíblica.

Si bien el papel de Pedro en Hechos 15 es innegablemente prominente, no parece presidir el concilio de forma monárquica ni unilateral. La decisión surge de un proceso deliberativo y comunitario, en el que participan múltiples apóstoles y ancianos, y culmina no en el decreto de Pedro, sino en el juicio de Santiago, que luego se envía como carta consensuada por "los apóstoles y los ancianos, con toda la iglesia" (Hechos 15:22). La descripción de Lucas sugiere un modelo de liderazgo compartido, dialogado e impulsado por el Espíritu, en lugar de centralizado o jerárquico. Además, los Hechos no indica que Pedro ocupara un cargo oficial en Roma durante su vida, ni lo describe como alguien con autoridad jurisdiccional única sobre la Iglesia global.

Desde una perspectiva histórico-crítica, la idea de que Pedro fue el primer papa en el sentido eclesiástico posterior no puede fundamentarse directamente en el texto de los Hechos. El papado, como institución con autoridad formalizada y centrada en Roma, se desarrolló gradualmente a lo largo de los primeros siglos de la vida de la Iglesia. La asociación de Pedro con Roma —si bien antigua y arraigada en la memoria cristiana primitiva— encuentra mayor respaldo en la tradición posterior que en la propia narración de Lucas.

Al mismo tiempo, muchos estudiosos de las tradiciones cristianas reconocen que Lucas presenta a Pedro como un líder fundamental, cuya experiencia con Cristo y la recepción de visiones divinas lo sitúan a la vanguardia del desarrollo teológico de la Iglesia. Su testimonio en Hechos 15 tiene un gran poder persuasivo, no por un título oficial, sino porque fue testigo directo de la obra del Espíritu entre los gentiles. Su papel es crucial, si no papal, en el sentido de que ayuda a guiar a la Iglesia en uno de sus primeros y más polémicos debates.

Para los intérpretes católicos romanos, Hechos 15 sigue siendo un importante fundamento bíblico para comprender el papel pastoral de Pedro y el surgimiento de concilios con autoridad. Para otros, en particular en las tradiciones protestante y ortodoxa, el pasaje es valioso por su descripción del discernimiento conciliar, donde la autoridad surge no de un oficio individual, sino de la escucha comunitaria de la Escritura, el testimonio y el Espíritu.

En resumen, la cuestión de si Pedro fue el primer papa depende en gran medida de cómo se defina "papa." Si el término se refiere a una figura central de honor e influencia teológica en la Iglesia primitiva, Pedro sin duda encaja en la descripción. Si se refiere al cargo formal e institucional de obispo de Roma con autoridad jurisdiccional suprema, los Hechos no ofrecen un respaldo claro a ese desarrollo posterior. Lo que sí ofrecen los Hechos es un retrato de Pedro como un líder guiado por el Espíritu, un puente entre creyentes judíos y gentiles, y una voz clave en los primeros esfuerzos de la Iglesia por definir su identidad y misión.

## Capítulo 13
## Pablo en los Hechos
## vs. Pablo en sus cartas

Pablo no solo es la figura dominante en la segunda mitad de los Hechos de los Apóstoles, sino también el autor más prolífico del Nuevo Testamento. Esta doble presencia plantea una pregunta importante para académicos, estudiantes y teólogos: ¿Cómo se compara el Pablo retratado por Lucas con el Pablo que habla en sus propias cartas? ¿Son coherentes en teología y tono? ¿Comparten los mismos perfiles biográficos? Y si difieren, ¿qué nos dicen estas diferencias sobre la identidad cristiana primitiva, la teología narrativa y la formación del canon del Nuevo Testamento?

Este capítulo examina la relación entre el Pablo de los Hechos y el Pablo de las epístolas indiscutibles, en particular Romanos, 1 y 2 Corintios, Gálatas, Filipenses, 1 Tesalonicenses y Filemón. Estas cartas, consideradas ampliamente como auténticamente paulinas, ofrecen el acceso más directo al pensamiento y el carácter de Pablo. Los Hechos, en cambio, ofrecen una descripción narrativa en tercera persona, moldeada por la visión teológica y los objetivos literarios de Lucas. Al leerlas en paralelo, estas fuentes revelan coincidencias y tensiones, que deben abordarse con criterio y cuidado teológico.

### ¿La conversión o el llamado de Pablo?

Uno de los puntos de comparación más destacados es el dramático encuentro de Pablo con Cristo resucitado. Los Hechos relata este acontecimiento tres veces: como narración en Hechos 9, como discurso autobiográfico en Hechos 22 y como defensa legal en Hechos 26. Cada versión enfatiza la persecución de Pablo a la Iglesia, su encuentro con una voz celestial y su posterior comisión como testigo ante los gentiles. En las tres, el acontecimiento se presenta como una conversión: un cambio radical de lealtad, de un perseguidor celoso a un misionero devoto.

El lenguaje de Pablo en las epístolas es más matizado. En Gálatas 1:15-16, describe su llamado no en términos de una transformación personal del error a la verdad, sino como una revelación y un nombramiento divino: "Pero cuando Dios, que me apartó antes de nacer y me llamó por su gracia, tuvo a bien revelarme a su Hijo, para que yo lo proclamase entre los gentiles…" El énfasis aquí no está en la inversión moral, sino en la vocación profética. Al igual que Jeremías o Isaías, Pablo considera su apostolado como parte del plan eterno de Dios. Aunque reconoce que anteriormente persiguió a la Iglesia (Gálatas 1:13; Filipenses 3:6; 1 Corintios 15:9), su autocomprensión no es la de alguien que abandonó una religión corrupta, sino la de alguien cuya fe fue redirigida por un encuentro divino con Cristo resucitado.

La diferencia en el enfoque —la conversión en los Hechos, el llamado en las cartas— refleja una diferencia de énfasis. Lucas busca destacar el poder dramático del Espíritu para transformar a los enemigos en emisarios. Pablo, en cambio, subraya la continuidad de los propósitos de Dios a lo largo de su vida. Ambos relatos afirman la iniciativa divina, pero lo hacen con distintos acentos teológicos.

## La identidad apostólica de Pablo

Como se explicó en el capítulo anterior, los Hechos se muestra reticente a llamar a Pablo apóstol, usando el término explícitamente para él solo dos veces (Hechos 14:4, 14), reservándolo principalmente para los Doce. Pablo, en cambio, insiste en su condición apostólica. Casi todas sus cartas comienzan con la afirmación de que es "apóstol de Cristo Jesús por la voluntad de Dios" (p. ej., Gálatas 1:1; 1 Corintios 1:1). En Gálatas, defiende con vehemencia su independencia del liderazgo de Jerusalén, insistiendo en que recibió su evangelio no de seres humanos, sino mediante una revelación de Jesucristo (Gálatas 1:11-12).

Lucas parece más interesado en armonizar el ministerio de Pablo con la autoridad de Jerusalén, presentándolo trabajando en coordinación con Pedro y otros líderes, especialmente a través de figuras como Bernabé y Santiago. Esto refleja el objetivo teológico más amplio de Lucas de retratar una Iglesia unificada y guiada por el Espíritu. Sin embargo, las cartas de Pablo muestran que la legitimidad apostólica era cuestionada en algunas comunidades cristianas primitivas, y que Pablo a menudo tuvo que defender su autoridad ante críticos que cuestionaban sus credenciales, estilo o mensaje.

Estas diferentes representaciones pueden reflejar distintos contextos y preocupaciones. Pablo escribe en medio de la fricción de las crisis pastorales actuales; Lucas escribe retrospectivamente, ofreciendo una narrativa teológicamente coherente de la expansión de la Iglesia y el consenso apostólico.

**Teología y tono**

El Pablo de los Hechos y el Pablo de las cartas comparten muchas afirmaciones teológicas: la centralidad de la muerte y resurrección de Jesús, la oferta de salvación a los gentiles, el poder del Espíritu y la importancia del arrepentimiento y la fe. Ambos presentan a Pablo como un misionero incansable, comprometido con la proclamación del evangelio en medio de las dificultades y la persecución. Ambos afirman la continuidad con las Escrituras de Israel y el cumplimiento del plan de Dios a través de Jesús el Mesías.

Sin embargo, también hay diferencias notables en tono y énfasis. Las cartas de Pablo con frecuencia muestran una intensa carga emocional: ira (Gálatas), angustia (2 Corintios), alegría (Filipenses) y profunda vulnerabilidad personal (Filemón). Habla de experiencias místicas, sufrimiento como una espina en la carne y urgencia escatológica. Sus argumentos teológicos son rigurosos y, a veces, combativos, especialmente en defensa de la justificación por la fe, independientemente de las obras de la ley (Romanos 3-4; Gálatas 2-3).

En contraste, el Pablo de los Hechos es mesurado, retóricamente pulido y filosóficamente comprometido. Sus discursos están cuidadosamente elaborados y contextualizados para sus audiencias, ya sean sinagogas judías, filósofos griegos o funcionarios romanos. Los Hechos minimizan el conflicto intracristiano y presentan la teología de Pablo como ampliamente compatible con la de la Iglesia de Jerusalén. Si bien los Hechos muestran a Pablo enfrentando la oposición de judíos y paganos, no enfatizan el tipo de controversia eclesial interna que surge en cartas como Gálatas o 2 Corintios.

Además, algunos temas teológicos importantes en las cartas de Pablo —como la doctrina de la justificación por la fe, la crítica de la ley y la unión mística del creyente con Cristo— están ausentes o silenciados en los Hechos. Si esto se debe a los intereses narrativos de Lucas, a su público o a sus prioridades teológicas, sigue siendo tema de debate académico. Lo que está claro es que los Hechos no funciona como un resumen teológico del evangelio de Pablo, aun cuando lo presenta como un testigo apostólico fiel y elocuente.

### Perspectivas escatológicas

Las cartas de Pablo —especialmente 1 Tesalonicenses, 1 Corintios y Romanos— reflejan una cosmovisión profundamente apocalíptica, moldeada por la convicción de que Dios estaba a punto de transformar drásticamente la era presente. Su escatología no es una especulación abstracta sobre el futuro, sino una esperanza viva y urgente, basada en el inminente regreso de Cristo, la *Parusía*. Pablo presenta esta expectativa como central para la vida cristiana, animando a los creyentes a permanecer vigilantes, fieles y preparados para lo que él ve como el pronto cumplimiento de las promesas de Dios.

En 1 Tesalonicenses 4:15-17, Pablo describe una escena dramática en la que el Señor desciende del cielo con un grito de mando, los muertos en Cristo resucitan y los vivos son arrebatados junto con ellos "en las nubes para recibir al Señor en el aire." Este pasaje refleja la creencia de Pablo de que algunos de sus lectores, y quizás él mismo, aún estarían vivos al regreso de Cristo. En 1 Corintios 7:29, insta a los creyentes a vivir a la luz del "tiempo señalado" que "se ha acortado," una frase que subraya la necesidad de una reorientación radical de la vida y las prioridades. De manera similar, en Romanos 13:11, Pablo escribe: "Ahora es el momento de despertar del sueño, porque la salvación está más cerca de nosotros ahora que cuando nos hicimos creyentes," alentando la vigilancia ética a medida que se acerca el día del Señor.

En estos pasajes subyace la convicción de Pablo de que la era actual está llegando a su fin. Considera que la historia humana se divide en dos eras superpuestas: la presente era maligna, marcada por el pecado, la muerte y los poderes de este mundo, y la era venidera, inaugurada por la resurrección de Cristo y que culminará en su regreso. Los creyentes viven en la tensión entre estas eras, experimentando ya el poder de la nueva creación por medio del Espíritu, pero aún esperando su plena realización. El marco apocalíptico de Pablo no es escapista, sino profundamente ético y misional: dado que el fin está cerca, los creyentes deben vivir con santidad, urgencia y amor.

Esta esperanza escatológica impregna la teología de Pablo. Moldea su comprensión del sufrimiento (como los dolores de parto de la nueva era), el bautismo (como participación en la muerte y resurrección de Cristo), la justificación (como un veredicto emitido en anticipación del juicio final) y la misión (como una urgencia necesaria para proclamar el evangelio antes del fin). Para Pablo, la identidad cristiana es escatológica en su esencia: estar "en Cristo" es ser ciudadano del siglo venidero, ya transformado en anticipación de la redención final de la creación.

En contraste con la urgente expectativa de Pablo de un fin inminente, el libro de los Hechos refleja una visión más deliberada y amplia de la historia. Si bien el regreso de Cristo se afirma claramente —como en el anuncio angelical en Hechos 1:11 de que Jesús vendrá de nuevo "tal como lo vieron subir al cielo"—, esta esperanza no se presenta con la misma inmediatez ni intensidad que en las cartas de Pablo. El énfasis en los Hechos cambia de la anticipación apocalíptica a la misión impulsada por el Espíritu, lo que sugiere que la Iglesia debe ocuparse no de calcular el momento del fin, sino de dar testimonio "hasta los confines de la tierra" (Hechos 1:8).

Este cambio temático comienza ya en Hechos 1. Cuando los discípulos le preguntan a Jesús: "Señor, ¿es este el tiempo en que restaurarás el reino a Israel?" (1:6), Jesús redirige su preocupación. Les dice que no les corresponde conocer los tiempos ni las épocas establecidas por el Padre, y en cambio los comisiona para ser testigos en Jerusalén, Judea y Samaria, y hasta los confines de la tierra. Esta respuesta replantea la escatología no como un cronograma, sino como una agenda misionera: un período divinamente ordenado de testimonio y transformación antes de la consumación.

En el sermón de Pentecostés de Pedro (Hechos 2), el marco escatológico sigue presente. Pedro declara que el derramamiento del Espíritu Santo cumple la profecía de Joel: "En los últimos días... derramaré mi Espíritu sobre toda carne." Así, los Hechos afirma que la Iglesia vive en la era escatológica. Sin embargo, esta era no se considera breve. No se promete una conclusión inmediata. En cambio, lo que sigue es una narrativa de un desarrollo que dura décadas: el evangelio se extiende desde Jerusalén hacia el exterior, superando fronteras culturales, étnicas y geográficas, a través de una serie de viajes misioneros, persecuciones y conversiones dramáticas.

A lo largo del libro, la Iglesia se presenta como una comunidad en la historia, encargada de sostener su testimonio frente a los desafíos internos y la oposición externa. El Espíritu no solo anuncia el fin; anima la vida de la Iglesia y la capacita para una misión prolongada y a menudo difícil. La demora del regreso de Cristo se convierte en una oportunidad para la inclusión de los gentiles, la reflexión teológica y la formación de estructuras eclesiales duraderas.

La descripción que Lucas hace de la escatología en los Hechos puede reflejar una perspectiva cristiana de segunda generación, escrita en una época en la que la Iglesia comenzaba a comprender que el regreso de Cristo podría no ocurrir de inmediato. En lugar de permitir que la decepción erosione la fe, los Hechos presenta una teología del tiempo en la que Dios sigue obrando, y la Iglesia permanece fiel, llena del Espíritu y activa en el desarrollo de la historia. El fin ha comenzado, pero su consumación plena está en manos de Dios.

**Circuncisión y adaptación cultural**

Un ejemplo particularmente ilustrativo de la tensión entre las dos representaciones de Pablo aparece en su práctica en torno a la circuncisión. En Gálatas, Pablo se opone vehementemente a la circuncisión de los gentiles conversos y relata cómo se negó a permitir que Tito, un griego, se circuncidara (Gálatas 2:3-5). Para Pablo, exigir la circuncisión socava el evangelio de la gracia y la suficiencia de la fe en Cristo.

Sin embargo, en Hechos 16:1-3, Pablo circuncida a Timoteo, de madre judía y padre griego, "por causa de los judíos que había en aquellos lugares." Lucas enmarca esto como una adaptación práctica para facilitar el ministerio. Este acto, aparentemente en contradicción con la postura de Gálatas, puede explicarse en términos narrativos: la herencia materna judía de Timoteo pudo haberlo obligado a seguir las normas judías ante los ojos de las comunidades locales. Sin embargo, el episodio destaca cómo Lucas presenta a Pablo como flexible y conciliador, mientras que las cartas lo presentan como inflexible en principios teológicos fundamentales.

Este contraste sugiere que el Pablo de Lucas es más adaptable y se preocupa más por la estrategia misionera, mientras que el Pablo de las cartas se preocupa más por preservar el núcleo teológico del evangelio. Si esto refleja dos facetas de la misma persona o dos retratos distintos, moldeados por diferentes autores y contextos, es una cuestión central para interpretar el legado de Pablo.

**Tensiones cronológicas**
**Los viajes y visitas de Pablo a Jerusalén**

Otra área donde las descripciones de Pablo en los Hechos y sus cartas difieren es en la cronología de sus viajes, en particular el número y el momento de sus visitas a Jerusalén. Esta cuestión ha planteado desde hace tiempo un desafío para los académicos, especialmente al intentar armonizar la secuencia narrativa de los Hechos con los datos autobiográficos que Pablo proporciona en cartas como Gálatas y 2 Corintios.

En los Hechos, se dice que Pablo visitó Jerusalén cinco veces después de su conversión:

primero después de su conversión (Hechos 9), luego durante una hambruna (Hechos 11), después en el Concilio de Jerusalén (Hechos 15), más tarde tras su segundo viaje (Hechos 18) y, finalmente, cuando fue arrestado (Hechos 21-23). En contraste, Gálatas 1-2 describe solo dos visitas posteriores a su conversión: una primera visita para ver a Pedro y Santiago tres años después de su llamado (Gálatas 1:18), y una segunda visita catorce años después, cuando se reunió con los pilares de la Iglesia de Jerusalén para afirmar la legitimidad de su misión gentil (Gálatas 2:1-10).

La dificultad surge al intentar sincronizar las dos visitas de Pablo en Gálatas con las múltiples visitas descritas en los Hechos. Si Hechos 11 y Hechos 15 describen viajes separados a Jerusalén, entonces Gálatas parece omitir uno. Si, por otro lado, la visita de Pablo en Gálatas 2 corresponde a la visita de hambre en Hechos 11, entonces el Concilio de Jerusalén de Hechos 15 no tiene equivalente en Gálatas, una omisión igualmente problemática. Los eruditos difieren: algunos sugieren que Pablo en Gálatas omite visitas menos relevantes teológicamente, mientras que otros creen que Lucas reestructura la cronología para adecuarla a los propósitos narrativos. Una minoría argumenta que los relatos son simplemente irreconciliables.

Lo que está en juego va más allá de la precisión histórica. El tema aborda la relación de Pablo con Jerusalén, la independencia de su autoridad apostólica y cómo la Iglesia primitiva gestionó el desacuerdo y el consenso. Las cartas de

Pablo enfatizan su comisión directa por Cristo y su singularidad teológica; los Hechos de Lucas destacan su cooperación con el liderazgo apostólico en general. Estas tensiones invitan a una cuidadosa reflexión teológica sobre la naturaleza de la unidad y la diversidad apostólicas en las primeras comunidades cristianas.

**Implicaciones teológicas y canónicas**

Las diferencias entre el Pablo de los Hechos y el Pablo de las cartas no deberían llevar a descartar a uno en favor del otro. Más bien, invitan a una comprensión más matizada de cómo los primeros cristianos recordaban, interpretaban y transmitían la historia y el mensaje de Pablo. Los Hechos ofrecen una teología narrativa: una descripción retrospectiva de la misión de Pablo como parte del plan de Dios para la Iglesia. Las cartas, en cambio, son inmediatas, situacionales y pastorales, y revelan la complejidad vivida del ministerio apostólico.

Juntos, ofrecen un retrato complejo de Pablo: un teólogo misionero, un judío creyente en Cristo, un hombre de profundas convicciones y preocupación pastoral. Si bien no siempre coinciden a la perfección, afirman el mismo evangelio y la misma iniciativa divina que convirtió a un perseguidor en proclamador de Cristo.

La inclusión por parte de la Iglesia de los Hechos y las cartas paulinas en el canon del Nuevo Testamento afirma el valor de las perspectivas múltiples, honrando tanto la memoria narrativa como la voz apostólica. Para comprender plenamente a Pablo, los lectores deben comprender tanto su autopresentación como la forma en que otros recordaban su vida. Solo al mantener estas relaciones —a veces en tensión, siempre en diálogo— podemos comprender la magnitud de su impacto en el cristianismo primitivo.

## Capítulo 14
## *Los discursos en los Hechos*

Una de las características más distintivas del libro de los Hechos es el lugar destacado que otorga a los discursos. Aproximadamente un tercio del libro consiste en discursos directos, incluyendo sermones, defensas, exhortaciones y resúmenes teológicos. Estos discursos no son secundarios a la narrativa; son fundamentales para la forma en que Lucas narra la historia de la Iglesia primitiva y transmite sus convicciones teológicas. Comprender los discursos de los Hechos es esencial para comprender la estructura, el propósito y el mensaje del libro.

**La centralidad de los discursos en la narrativa de Lucas**

Desde el sermón de Pedro en Pentecostés hasta la defensa de Pablo ante Agripa, los discursos impulsan el impulso teológico de los Hechos. Sirven para interpretar los acontecimientos, articular la identidad cristiana, explicar el mensaje del evangelio y responder a la oposición. Lucas no se limita a relatar la predicación, sino que presenta el contenido de lo dicho, moldeando la comprensión del lector tanto del orador como del movimiento.

Los discursos también dan a los Hechos su ritmo y estructura retórica. Los momentos de acción —curaciones, arrestos, viajes y milagros— se alternan con momentos de proclamación. Los discursos suelen ocurrir en momentos cruciales: cuando el evangelio llega a una nueva región, cuando la Iglesia se enfrenta a una decisión importante o cuando los apóstoles son sometidos a juicio. Mediante esta alternancia, Lucas invita a los lectores a interpretar los acontecimientos teológicamente, en lugar de simplemente narrativamente.

**Tipos de discursos**

Los discursos de los Hechos se dividen en varias categorías generales, cada una con una función única en la narrativa. El tipo más destacado es el sermón misionero, como los discursos de Pedro en Hechos 2 y 3 o los de Pablo en Hechos 13 y 17. Estos discursos proclaman la muerte y resurrección de Jesús, citando a menudo las Escrituras para demostrar que Jesús cumple las esperanzas de Israel. Invitan al arrepentimiento y al bautismo, y señalan constantemente la actividad del Espíritu Santo como confirmación de la obra de Dios.

También hay varios discursos de defensa (apologías), especialmente de Pablo. Estos incluyen sus defensas ante las multitudes judías (Hechos 22), los gobernadores romanos (Hechos 24-25) y el rey Agripa (Hechos 26). En estos discursos, Pablo busca justificar sus acciones, afirmar su continuidad con la fe de Israel y demostrar que el cristianismo no representa una amenaza para el orden romano. Al mismo tiempo, reafirma con valentía el mensaje del evangelio.

Otro conjunto de discursos puede clasificarse como exhortaciones internas o discursos pastorales. Entre ellos se incluyen el discurso de Pedro en Hechos 1 sobre el reemplazo de Judas, el discurso resumido de Santiago en el Concilio de Jerusalén en Hechos 15 y la despedida de Pablo a los ancianos de Éfeso en Hechos 20. Estos discursos están dirigidos a los creyentes y tratan temas de liderazgo, orden eclesial y perseverancia.

Si bien cada tipo tiene su propia forma retórica y público, todos los discursos sirven para aclarar la identidad, la misión y la visión teológica de la Iglesia. No son transcripciones textuales de discursos históricos, sino composiciones literarias y teológicas que reflejan los propósitos del autor.

**Temas teológicos en los discursos**

Los discursos de los Hechos comunican las convicciones teológicas fundamentales del libro. En el centro se encuentra la proclamación de Jesús como el Señor crucificado y resucitado. Una y otra vez, los apóstoles declaran que Jesús, aunque rechazado por los humanos, ha sido exaltado por Dios, y que esto exige una respuesta. Este kerygma (proclamación) básico se adapta a diferentes públicos —judíos o gentiles, amistosos u hostiles—, pero el mensaje se mantiene constante.

Un segundo tema importante es el cumplimiento de las Escrituras. Los oradores de los Hechos citan extensamente la Biblia hebrea, especialmente los Salmos, Isaías y los Profetas Menores. Estas citas sirven para arraigar el movimiento cristiano en la historia de Israel, argumentando que Jesús es aquel de quien los profetas dieron testimonio. Este fundamento bíblico es crucial para el argumento teológico de Lucas de que el evangelio es la continuación, no el rechazo, del pacto de Dios con Israel.

Los discursos también enfatizan la obra del Espíritu Santo. Desde Pentecostés en adelante, el Espíritu se presenta como la presencia empoderadora de Dios que guía, llena y valida la misión de la Iglesia. En varios discursos, la recepción del Espíritu se presenta como prueba de la aceptación de Dios de un nuevo grupo, ya sean samaritanos, gentiles u otros que anteriormente estaban fuera del pacto.

Además, los discursos abordan temas como el arrepentimiento, el perdón, la resurrección, la universalidad del evangelio y la imparcialidad de Dios. Estas convicciones teológicas constituyen la base de la comprensión que Lucas tiene del mensaje y la misión de la Iglesia.

**Los discursos y el arte de la historiografía antigua**

La prominencia de los discursos en los Hechos plantea interrogantes sobre la precisión histórica y las convenciones literarias. Los historiadores antiguos, como Tucídides y Livio, incluían discursos con frecuencia en sus historias, a menudo elaborándolos con su propia voz para reflejar lo que "debería" haberse dicho. Lucas probablemente sigue esta convención historiográfica grecorromana, adaptando los discursos a los objetivos teológicos y retóricos de su narrativa.

Esto no significa que los discursos sean completamente ficticios. Es probable que Lucas tuviera acceso a tradiciones orales, resúmenes o frases recordadas de la predicación apostólica. Pero la forma final de los discursos refleja la edición teológica y el talento literario de Lucas. No están construidos simplemente para relatar acontecimientos, sino para interpretarlos. Como tal, funcionan tanto como proclamación teológica como comentario narrativo.

Los discursos también reflejan una adaptación a públicos diversos. Los sermones de Pedro se dirigen a judíos familiarizados con las Escrituras y el culto en el templo. El discurso de Pablo en el Areópago, en Hechos 17, conecta con un público filosófico griego con referencias a sus poetas y prácticas religiosas. Esta flexibilidad retórica demuestra que la predicación cristiana primitiva era contextual y estratégica, a la vez que se mantenía arraigada en un núcleo evangélico común.

**Los discursos como modelos de proclamación**

Para los lectores y estudiantes contemporáneos de las Escrituras, los discursos de los Hechos ofrecen modelos del testimonio cristiano primitivo. Constituyen las primeras reflexiones teológicas sobre el significado de la resurrección de Jesús, forjadas en el crisol de la misión, la persecución y la formación de la comunidad. Nos enseñan no solo qué creían los apóstoles, sino también cómo comunicaron esa creencia de forma pública, persuasiva y guiada por el Espíritu.

Los predicadores y teólogos de hoy pueden inspirarse en la estructura retórica, el contenido teológico y el tono audaz de estos discursos. Nos recuerdan que la proclamación cristiana no es simplemente compartir información, sino una invitación a una vida transformada a la luz de la obra de Dios en Cristo. También nos animan a hablar a través de culturas, a arraigar nuestro mensaje en las Escrituras y a confiar en el Espíritu en momentos de presión u oposición.

**Conclusión**

Los discursos de los Hechos no son digresiones ni añadidos decorativos a la narrativa; constituyen el núcleo teológico del libro. A través de ellos, Lucas comunica el significado del evangelio, el propósito de la Iglesia y el llamado a responder con fe. Combinan historia, teología, retórica y urgencia pastoral. Estudiarlos es conectar con la voz viva de la Iglesia primitiva, una voz que aún habla, desafía y anima al pueblo de Dios hoy.

# Parte IV
## Aplicación, recepción y uso contemporáneo

## Capítulo 15
## El uso y la recepción de los Hechos en la Iglesia

El libro de los Hechos se lee a menudo como una historia misionera: una crónica de apóstoles que predicaron, viajaron y fundaron iglesias por todo el mundo mediterráneo. Sin embargo, tras los viajes y discursos se esconde un tema más discreto, pero igualmente importante: la formación y la vida de la comunidad cristiana primitiva. Los Hechos no se limitan a narrar la historia de la expansión de la Iglesia; también ofrecen una visión teológica de lo que *es la Iglesia:* una comunidad formada por el Espíritu, moldeada por las Escrituras, adoradora y radicalmente generosa, llamada a encarnar la presencia de Cristo en el mundo.

Este capítulo explora cómo Lucas describe a la comunidad cristiana primitiva en los Hechos. Considera los rasgos distintivos de su vida en común, sus prácticas de culto y generosidad, sus respuestas a los desafíos internos y externos, y su identidad como pueblo renovado de Dios. A través de esta representación, los Hechos ofrecen no solo un relato histórico de los inicios de la Iglesia, sino también una visión teológica de la vida cristiana en comunidad.

## La comunidad formada por el Espíritu

En el centro de la visión de Lucas se encuentra la creencia de que la Iglesia es creada por el Espíritu Santo. El Espíritu, derramado en Pentecostés (Hechos 2), no solo capacita a las personas para la misión; forma una nueva comunidad. A este derramamiento le sigue inmediatamente una descripción de la vida en comunidad: "Se mantenían fieles a la enseñanza de los apóstoles, a la comunión, a la fracción del pan y a las oraciones... todos los creyentes estaban juntos y tenían todas las cosas en común" (Hechos 2:42, 44). Una imagen similar aparece tras la curación del cojo en Hechos 3, con otro resumen en Hechos 4:32-35.

Estos retratos enfatizan cuatro dimensiones fundamentales de la Iglesia primitiva: la enseñanza apostólica, la comunión, el culto y el cuidado mutuo. La enseñanza fundamenta a la comunidad en la historia de Jesús y las Escrituras de Israel. La comunión (*koinōnia*) denota no solo cercanía social, sino también vida y responsabilidad compartidas. El culto, tanto formal (oraciones y la fracción del pan) como espontáneo (alabanzas y señales), centra a la comunidad en la presencia divina. El cuidado mutuo se refleja en sus prácticas económicas: vender posesiones, satisfacer necesidades y asegurarse de que "no hubiera ningún necesitado entre ellos."

Estas prácticas no son fantasías idealistas; son expresiones teológicas de la nueva realidad inaugurada por la resurrección y el Espíritu. La descripción que Lucas hace de la comunidad es a la vez descriptiva y normativa: un signo de la identidad de la Iglesia y una visión para su testimonio continuo.

**Un pueblo arraigado en las Escrituras y la oración**

Los Hechos también describe a la Iglesia primitiva como una comunidad formada por las Escrituras y sostenida por la oración. Desde el principio, los apóstoles interpretan su experiencia a la luz de las Escrituras hebreas. Pedro cita a Joel y los Salmos en Pentecostés (Hechos 2), basándose en las Escrituras para explicar el derramamiento del Espíritu y la resurrección de Jesús. En Hechos 4, los creyentes citan el Salmo 2 en oración colectiva, enmarcando la persecución como parte del plan soberano de Dios. Esteban, en Hechos 7, ofrece un relato exhaustivo de la historia de Israel para explicar el rechazo de Jesús. Santiago apela a Amós para que afirme la inclusión de los gentiles (Hechos 15).

Estos ejemplos demuestran que la comunidad cristiana primitiva no se veía a sí misma como una ruptura con la historia de Israel, sino como su cumplimiento y continuación. La Escritura proporcionó las categorías y la confianza para comprender su misión. Asimismo, la oración impregna la vida de la comunidad: oran al elegir líderes (Hechos 1), al enfrentar amenazas (Hechos 4), al enviar misioneros (Hechos 13), al sufrir encarcelamiento (Hechos 16) y al despedirse (Hechos 20). La oración no es un ejercicio privado, sino una postura colectiva de dependencia del

Espíritu y de discernimiento de la voluntad de Dios.

**Liderazgo y discernimiento comunitario**

Los Hechos presenta un modelo de liderazgo comunitario que es a la vez carismático y ordenado. Los apóstoles, como testigos presenciales de la resurrección y portadores de la autoridad de Jesús, desempeñan un papel central en la vida de la comunidad. Sin embargo, las decisiones no se imponen desde arriba, sino que surgen del discernimiento colectivo. Al elegir al sustituto de Judas, la comunidad ora y echa suertes (Hechos 1). Al responder a las quejas sobre la distribución de alimentos, los apóstoles delegan la responsabilidad en siete líderes llenos del Espíritu (Hechos 6). Al debatir la inclusión de los gentiles, los apóstoles y los ancianos se reúnen, escuchan los testimonios, escudriñan las Escrituras y llegan a un consenso (Hechos 15).

Este proceso es tanto espiritual como práctico. Valora la experiencia, las Escrituras y la sabiduría comunitaria. Está abierto a sorpresas —como la visión de Pedro sobre los animales impuros o el llamado de Pablo a Macedonia— y se basa en la responsabilidad mutua. En los Hechos, el liderazgo no es un mecanismo de control, sino un medio para servir a la guía del Espíritu en beneficio de la salud y el testimonio de la comunidad.

**Una Iglesia generosa y vulnerable**

Una de las características más conmovedoras de la Iglesia primitiva en los Hechos es su radical generosidad económica. Como se describe en los capítulos 2 y 4, los creyentes comparten sus posesiones, venden tierras para apoyar a los necesitados y priorizan el bienestar comunitario sobre el beneficio personal. Bernabé es presentado como un ejemplo positivo (Hechos 4:36-37), mientras que Ananías y Safira son retratados como ejemplos aleccionadores (Hechos 5:1-11). La historia de su engaño y muerte, que evoca la historia de Acán en Josué 7, subraya la importancia de la integridad dentro de una comunidad santa.

Esta visión económica no es un colectivismo obligatorio, sino una solidaridad impulsada por el Espíritu. Refleja los valores del reino enseñados por Jesús y expresa un nuevo orden social en el que se redefinen el estatus y la riqueza. Al mismo tiempo, la comunidad sigue siendo vulnerable a conflictos y errores. Surgen disputas sobre la distribución de alimentos (Hechos 6), sobre la circuncisión y la ley (Hechos 15) y por fuertes desacuerdos entre líderes (Hechos 15:36-41). Estos momentos de tensión no se ocultan, sino que se incluyen como parte de la verdadera historia de la Iglesia: un testimonio de su humanidad, diversidad y constante necesidad de gracia.

**Persecución y testimonio resiliente**

Desde el principio, la comunidad de los Hechos enfrenta oposición y persecución, principalmente por parte de las autoridades religiosas y políticas. Pedro y Juan son arrestados por sanar y predicar (Hechos 4-5); Esteban es apedreado (Hechos 7); Santiago es ejecutado y

Pedro encarcelado (Hechos 12); Pablo es atacado, arrestado y finalmente juzgado repetidamente ante las autoridades imperiales. Sin embargo, lejos de extinguir a la Iglesia, la persecución a menudo conduce al crecimiento, la dispersión y una renovada valentía.

Los creyentes en los Hechos responden al sufrimiento no con retraimiento, sino con oración, testimonio y perseverancia. La dispersión de los creyentes tras la muerte de Esteban lleva a la propagación del evangelio a Samaria y más allá (Hechos 8). Pablo y Silas cantan himnos en prisión (Hechos 16). La última palabra del libro es que Pablo, aunque bajo arresto domiciliario en Roma, predica el reino "con toda valentía y sin impedimento" (Hechos 28:31). La Iglesia primitiva se muestra resiliente, llena del Espíritu y arraigada en la esperanza, encarnando el modelo cruciforme del propio Jesús.

**La Iglesia como pueblo renovado de Dios**

A lo largo de los Hechos, Lucas presenta a la Iglesia como el pueblo renovado de Dios; no una escisión sectaria ni un club social romano, sino la continuación y transformación de la comunidad de la alianza de Israel. Este tema es evidente en el lenguaje empleado para describir a la Iglesia: son "la asamblea" (*ekklēsia*), adoran en el templo y en los hogares, e interpretan su vida a la luz de las promesas a Abraham, Moisés y David. Sin embargo, su identidad no es étnica ni geográfica, sino cristológica y pneumatológica: se definen por su lealtad a Jesús y por el poder que les otorga el Espíritu Santo.

Esta identidad trasciende las fronteras culturales y nacionales. Al final de los Hechos, la comunidad incluye judíos y gentiles, ricos y pobres, hombres y mujeres, profetas y comerciantes, ciudadanos romanos y esclavos. Están unidos no por la uniformidad, sino por la fe, las comidas y la misión compartidas. Los Hechos presentan a la Iglesia como un cuerpo vivo, caracterizado por la adoración, la generosidad, el discernimiento y el testimonio, que existe no para sí misma, sino para el bien del mundo.

## Capítulo 16
## Intérpretes principales de los Hechos

El libro de los Hechos ha inspirado a generaciones de intérpretes en todo el mundo. Su narrativa sobre la Iglesia guiada por el Espíritu, que trasciende fronteras culturales, geográficas y sociales, resuena en diversos públicos y tradiciones teológicas. La siguiente narración destaca a algunos de los intérpretes más influyentes de los Hechos —tanto del pasado como del presente, hombres y mujeres—, provenientes de diversos trasfondos lingüísticos y culturales, cuya erudición continúa moldeando la comprensión que la Iglesia y el mundo académico tienen de este texto fundamental.

### Intérpretes en lengua inglesa

En la erudición angloparlante, Craig S. Keener se erige como uno de los intérpretes más prolíficos e influyentes de los Hechos. Su obra de cuatro volúmenes, *Acts: An Exegetical Commentary*, es monumental en alcance y detalle, combinando un profundo análisis de fuentes antiguas con la erudición contemporánea. La obra de Keener ofrece un contexto histórico y una perspectiva teológica inigualables, lo que la convierte en una referencia esencial tanto para académicos como para pastores.

Ben Witherington III también ha realizado una contribución perdurable con su *Socio-Rhetorical*

*Commentary on Acts,* que enfatiza las estrategias retóricas y la dinámica social dentro de la narrativa de Lucas. Su enfoque sitúa los Hechos en su contexto grecorromano, a la vez que extrae sus implicaciones teológicas para la Iglesia primitiva.

El erudito de mediados del siglo XX, C. K. Barrett, escribió un comentario en dos volúmenes sobre los Hechos, incluido en la serie Comentario Crítico Internacional, que sigue siendo un clásico de la rigurosa exégesis histórico-crítica. Su obra se caracteriza por su precisión exegética y profundidad teológica.

Darrell L. Bock, desde una perspectiva evangélica, escribió un volumen sustancial de la serie Comentario Exegético Baker. Su obra presta especial atención a los temas teológicos de Lucas, su énfasis en la cristología y la continuidad de los Hechos con el Evangelio de Lucas.

Richard I. Pervo ofreció un enfoque radicalmente diferente de los Hechos, argumentando que debería leerse como una novela antigua y no estrictamente como historia. Su obra *Acts: A Commentary* de la serie Hermeneia combina análisis literario, histórico y teológico, y ha suscitado nuevas conversaciones sobre género, autoría y fiabilidad histórica.

Steve Walton, académico británico contemporáneo, aporta perspectivas teológicas y narrativas-críticas a su estudio de los Hechos. Su trabajo en curso en el volumen Word Biblical Commentary, junto con ensayos sobre eclesiología y misión en los Hechos, lo convierten en una de las voces actuales más respetadas en este campo.

Loveday Alexander ha contribuido con un trabajo importante sobre los Hechos como literatura, situando el texto en el amplio mundo de la historiografía y la retórica helenísticas. Su obra *Acts in its Ancient Literary Context* ha moldeado la manera en que los académicos entienden a Lucas como teólogo y creador literario.

Linda M. Maloney, desde una perspectiva teológica feminista, escribió el volumen sobre los Hechos de los Apóstoles, parte de la serie *Wisdom Commentary*. Su obra destaca las experiencias de las mujeres y las voces marginadas en los Hechos, ofreciendo una lectura innovadora del texto en contextos globales y ecuménicos.

**Intérpretes en lengua española**

Entre los teólogos hispanohablantes, Justo L. González ha desempeñado un papel fundamental en la popularización y contextualización de la interpretación bíblica. Aunque es más conocido por su trabajo en historia de la Iglesia, sus escritos sobre el libro de los Hechos son accesibles, teológicamente ricos y profundamente inspirados por la experiencia vivida de las comunidades latinoamericanas e hispanas. Su énfasis en la marginalidad, la comunidad y la misión ha convertido al libro de los Hechos en un texto central de la teología hispana y la educación cristiana.

**Intérpretes en lengua francesa**

En el mundo francófono, Daniel Marguerat es ampliamente reconocido como el principal intérprete contemporáneo de los Hechos. Su libro,

*The First Christian Historian*, explora las estrategias teológicas y narrativas de Lucas, mientras que su comentario en francés (en coautoría con Éric Bourquin) es una referencia académica fundamental. Marguerat combina enfoques históricos, literarios y teológicos con claridad y profundidad.

A principios del siglo XX, Jacques Dupont, erudito belga, contribuyó significativamente a la investigación bíblica católica sobre los Hechos. Su obra enfatizó la continuidad de la Iglesia con Israel, las implicaciones éticas de la vida comunitaria cristiana y la visión eclesiológica de Lucas.

**Intérpretes en lengua alemana**

La erudición alemana ha influido profundamente en la interpretación moderna de los Hechos. Hans Conzelmann fue un destacado crítico de redacción, cuya obra *Die Apostelgeschichte* (posteriormente traducida a la serie Hermeneia) interpretó los Hechos como una construcción teológica que aborda los desafíos del retraso escatológico y la identidad eclesial en la segunda generación. Su interpretación de la teología de Lucas ha tenido una influencia duradera.

Martin Dibelius, uno de los fundadores de la crítica formal, consideraba los Hechos como una colección de unidades tradicionales conformadas en una narrativa teológica. Sus innovaciones metodológicas contribuyeron a plantear cuestiones fundamentales en el estudio moderno del Nuevo Testamento, especialmente en lo que respecta a discursos, relatos de milagros y relatos de viajes.

Entre las voces contemporáneas, Eckhard J. Schnabel destaca por su trabajo sobre las dimensiones históricas y misionales de los Hechos. Su comentario en la serie Comentario Exegético Zondervan y su obra más amplia sobre la misión cristiana primitiva reflejan una síntesis de precisión académica, profundidad teológica y pasión misiológica. Aunque escribe principalmente en inglés, la formación académica y el linaje intelectual de Schnabel están profundamente arraigados en la tradición alemana.

**Intérpretes asiáticos**

En el contexto académico coreano, Yon-Gyong Kwon ha aportado valiosas contribuciones a la interpretación global del Nuevo Testamento. Su *Commentary on Acts,* en la serie *International Study Guide,* ofrece perspectivas que integran la experiencia cristiana coreana con un minucioso trabajo exegético. El énfasis de Kwon en el Espíritu, la vida comunitaria y la misión resuena con el dinámico crecimiento y la teología de la Iglesia coreana.

Youngmo Cho y Hyung Dae Park, académicos coreanos, son coautores de *Acts, Part One: Introduction and Chapters 1–12,* que ofrece una reflexión exegética y teológica sobre el libro desde una perspectiva cultural y eclesial asiática. Su trabajo representa un paso importante hacia una mayor comprensión del Nuevo Testamento en el contexto del cristianismo asiático.

Esta constelación de intérpretes —de diversos continentes, idiomas y tradiciones eclesiales— demuestra la riqueza global de la erudición sobre los Hechos. Así como el libro de los Hechos narra la historia de una Iglesia enviada a todo el mundo, su interpretación también surge ahora desde todos los rincones del planeta. Juntos, estos eruditos ofrecen no solo una perspectiva académica, sino una invitación a leer los Hechos como una palabra viva, que continúa desafiando, inspirando y empoderando a la Iglesia a través de las culturas y generaciones.

## Capítulo 17
## Leyendo los Hechos hoy

El libro de los Hechos es más que una narración histórica antigua; es un testimonio teológico vivo que continúa moldeando la identidad y la misión de la Iglesia. Escrito en el siglo I, pero dirigido a cada generación de creyentes, los Hechos invita a los lectores no solo a comprender la Iglesia primitiva, sino también a imaginarla de nuevo en su propio tiempo y lugar. Sus historias de misión guiada por el Espíritu, testimonio valiente, vida comunitaria y superación de fronteras culturales siguen siendo tan vitales y desafiantes hoy como lo fueron en el siglo I.

En este capítulo final, consideramos cómo se puede leer y apropiar el libro de los Hechos hoy. Exploramos estrategias teológicas y hermenéuticas contemporáneas para abordar el libro, reflexionamos sobre sus implicaciones para la eclesiología, el liderazgo, la misión y la justicia, y consideramos cómo el libro funciona como un valioso recurso para el cristianismo global. Al hacerlo, buscamos no solo interpretar el libro de los Hechos, sino permitir que nos interprete a nosotros, moldeando nuestra comprensión de la Iglesia, el Espíritu y nuestra participación en la obra continua de Dios en el mundo.

**Estrategias teológicas y hermenéuticas**

Leer los Hechos hoy requiere atención histórica e imaginación teológica. Históricamente, los Hechos deben situarse en el contexto judío y grecorromano del siglo I, donde las cuestiones de identidad, imperio, etnicidad y poder eran urgentes y controvertidas. La narración de Lucas refleja tanto las particularidades de su época como las convicciones teológicas de su autor: que Jesús resucitado continúa su obra por medio del Espíritu Santo, y que la Iglesia es el cuerpo de Cristo, formado por el Espíritu, que se extiende al mundo.

Al mismo tiempo, los Hechos invita a los lectores a comprender el texto teológica y canónicamente. El libro no se limita a registrar acontecimientos pasados; ofrece una visión del propósito, las prácticas y el poder de la Iglesia que trasciende su contexto histórico. Leer los Hechos hoy implica preguntarse: ¿Cómo sigue obrando el Espíritu en la Iglesia? ¿Cómo discernimos la misión de Dios en nuestro contexto? ¿Qué significa ser una comunidad de testimonio, adoración y justicia frente a la oposición y la complejidad?

Hermenéuticamente, los lectores deben comprender la distinción entre descripción y prescripción. No todas las prácticas de los Hechos constituyen un mandato para hoy, pero muchas prácticas —el discernimiento orante, los recursos compartidos, la comunidad inclusiva, la proclamación audaz— son profundamente normativas para la vida cristiana. La tarea de la interpretación consiste en discernir cómo se aplican los patrones y principios de los Hechos en contextos contemporáneos, en diferentes culturas y tradiciones teológicas.

Además, los lectores contemporáneos aportan diversas perspectivas sociales al texto. Los Hechos deben leerse no solo desde la perspectiva de la teología occidental, sino también a través de la hermenéutica poscolonial, liberacionista, feminista e indígena. Estas perspectivas ayudan a descubrir cómo los Hechos abordan el poder, la marginalidad, la identidad y la resistencia, a menudo de maneras sorprendentes y proféticas.

**Implicaciones para la eclesiología, el liderazgo, la misión y la justicia**

Los Hechos ofrecen una eclesiología profundamente teológica: una visión de la Iglesia como una comunidad llena del Espíritu, centrada en Cristo y moldeada por las Escrituras. Los primeros cristianos son retratados no como una institución estática, sino como un movimiento dinámico: receptivos al Espíritu, arraigados en la vida compartida y en constante adaptación a nuevos contextos y desafíos. Su identidad es comunitaria, no individualista; su autoridad es espiritual, no meramente estructural.

El liderazgo en los Hechos es carismático y perspicaz. Apóstoles, ancianos y otros líderes son elegidos mediante la oración y el discernimiento espiritual, y su autoridad se ejerce al servicio de la misión y el cuidado mutuo. La toma de decisiones se lleva a cabo en comunidad y con la mirada puesta en la obra del Espíritu. Por lo tanto, los Hechos desafía los modelos modernos de liderazgo que se basan en la jerarquía, la fama o el control. En cambio, presenta el liderazgo como pastoral, profético y participativo.

La misión en los Hechos no es una mera expansión geográfica; es una encarnación del evangelio que rompe fronteras. El Espíritu guía a la Iglesia a lugares inesperados: samaritanos, gentiles, eunucos, filósofos, carceleros y funcionarios romanos. El evangelio se traduce a diversos entornos culturales y lingüísticos, no borrando las diferencias, sino honrándolas dentro del poder unificador del Espíritu. La misión de la Iglesia hoy debe seguir este ejemplo: trascendiendo las zonas de confort, trascendiendo las barreras sociales y culturales, y proclamando un evangelio contextual y transformador.

Los Hechos también llaman a la Iglesia a una preocupación más profunda por la justicia y la inclusión. Los primeros cristianos compartían bienes, cuidaban de los pobres, nombraban diáconos para abordar la desigualdad y desafiaban las barreras sociales entre judíos y gentiles, esclavos y libres, hombres y mujeres. Estos no son meros actos de caridad; reflejan la visión del reino de Jesús: una en la que el poder se redefine, la comunidad se reimagina y los últimos son puestos en el centro. Leer los Hechos hoy reta a los cristianos a considerar cómo la justicia económica, la reconciliación racial, la equidad de género y la transformación sistémica son parte integral del testimonio de la Iglesia.

## Los Hechos como un recurso para el cristianismo global

Quizás más que cualquier otro libro del Nuevo Testamento, los Hechos resuena con las realidades del cristianismo global del siglo XXI. Su narrativa de una Iglesia multicultural, multilingüe y transgresora refleja los cambios demográficos y espirituales del mundo moderno, donde la mayoría de los cristianos viven ahora en el Sur Global: en África, Asia, Latinoamérica y el Pacífico.

En estos contextos, los temas de los Hechos cobran vida de manera poderosa. El rol del Espíritu, la experiencia de la persecución, el crecimiento de las iglesias en las casas, el liderazgo de las mujeres, el énfasis en la sanación y la liberación, todo ello resuena profundamente en muchas comunidades cristianas globales. Los Hechos proporciona un marco bíblico para los movimientos de renovación guiados por el Espíritu, la teología contextual y la misión desde los márgenes.

Al mismo tiempo, los Hechos critica formas de cristianismo excesivamente institucionalizadas, consumistas o culturalmente dominantes. Desafía a las iglesias occidentales a escuchar las voces de sus hermanos y hermanas globales, a arrepentirse de los enredos coloniales y a adoptar un modelo de vida eclesial más humilde, relacional y guiado por el Espíritu. En este sentido, los Hechos no es simplemente un manual misionero, sino un recurso teológico para el aprendizaje mutuo en todo el cuerpo de Cristo.

La Iglesia global hoy enfrenta profundos desafíos: fragmentación cultural, crisis climática, polarización política, desigualdad económica y desilusión espiritual. Los Hechos no ofrece respuestas fáciles, pero sí ofrece una visión convincente: una Iglesia guiada por el Espíritu, arraigada en la oración y la Escritura, valiente en el testimonio, generosa en la comunidad y dispuesta a sufrir por el evangelio. Es una visión que llama a todos los cristianos —a través del tiempo, el espacio y la cultura— a participar en la misión continua de Dios en el mundo.

# Apéndice

## *Ciudades del mundo de Pablo*

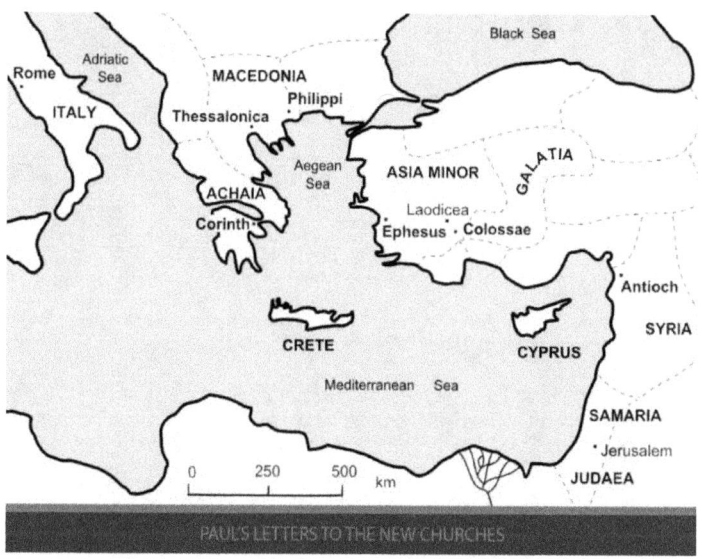

Fuente: https://freebibleimages.org